JN100024

芸術療法は
なぜ心にとどくのか

描く、観る、演じるアートの力

東大アートと精神療法研究会：編
渡邉慶一郎・大塚尚・鬼塚淳子・澤田欣吾・小佐野重利：著

三元社

本書は花王株式会社の寄附金により刊行されました。記して同社に感謝申し上げます。

描く、観る、演じる　アートの力　目次

序

渡邉 慶一郎　1

第1章
生きること　表現すること

大塚　尚　5

1. アート表現と心の世界　5
   - 1.1. なぜ今アート表現か　5
   - 1.2. 臨床心理学・精神医学とアート表現　6
   - 1.3 調査研究から明らかになってきたアートの効果　9
2. 心で描く絵画展――クロマニンゲン展　10
   - 2.1. クロマニンゲン現る　10
   - 2.2. とにかく自由な展覧会　13
   - 2.3. 奇跡のジャングル、ふたたび　26
   - 2.4. 本能としての自由と表現　29
3. 心の危機へのアート表現グループの試み　34
   - 3.1. 青年期と心の危機　34
   - 3.2. the UT ART project　35
   - 3.3. アートが生み出す「すきま」の大切さ　45
   - 参考文献　50

第2章

表現と　つながりと　生きる力

お互いが表現するエネルギーが　お互いを支え元気にする

鬼塚　淳子　51

まえがき――芸術表現療法に片足を突っ込むまで　52

1.　自己表現と自己治癒力のつながり　54

1.1.　セルフオフセンス――いかに人の心をゆるめられるか　54

1.2.　自分の心と対話する――インナーイメージドローイング自己表現法　56

1.2.1. インナーイメージドローイング自己表現法の基本姿勢　57／1.2.2. インナーイメージドローイング自己表現法の構成　58／1.2.2. インナーイメージドローイング自己表現法の留意点　58

2.　自己表現はエンパワメントになる　60
実践編（自由な自己表現と共有の場）

2.1.　こころの表現教室“やまねこひろーば”　60

2.2　芸術表現活動“あいあいエクスプリモ”　68

3.　自己表現は関係性を温める　75
実践編（ピアサポート・グループ）

3.1.　自己表現ワークショップ　75

3.1.1. 振り返り＆スタートアップの会（研修）　76／3.1.2. イベントデモンストレーション　79

4.　芸術表現が主体的自己感覚を呼び醒す　85
実践編（セラピー）

4.1.　芸術表現療法を対話で行う事例から　85

5.　芸術表現の本質と、その先につながるもの　88
“なぜ人は芸術に活力されるのか”への答えを探して

あとがきにかえて――創造性がよりよい未来の軌道を描く　92

参考文献　93

第3章

演劇と精神医療の協働の可能性

澤田　欣吾　95

はじめに　95

1. サイコドラマ　96
横山太範（もとのり）先生（医療法人心劇会さっぽろ駅前クリニック院長）

2. ドラマセラピー　103
尾上明代先生（立命館大学　人間科学研究科　教授）

3. アプライドシアター：応用演劇　110
佐々木英子先生（アプライドシアター研究所主宰）

4. 当事者演劇　118
増田雄先生（株式会社マスダシアターコンサルティング）
関根淳子先生（SPAC（静岡県舞台芸術センター）、劇団音乃屋主宰）

5. まとめ：CO-EN プロジェクトに向けて　126

第4章

座談会

アートの力と芸術療法の可能性

大塚尚、鬼塚淳子、澤田欣吾、渡邉慶一郎、小佐野重利（司会）　129

芸術療法はなぜ必要なのか　129
表現することは人類固有の特性か　136
芸術療法はどれだけ有効か　140
芸術療法を、大学での活動として取り込むことはできるか　145

研究余滴

アートと精神疾患

美術史の観点からの一考察

小佐野　重利　155

1.　アートと「うつ病」の起源　155
2.　憂鬱質と創作活動の歴史　161
3.　精神疾患とたたかう芸術家　165
おわりに　173
参考文献　175

執筆者紹介　177

序

渡邉　慶一郎

うつ病や双極性障害などの気分障害、あるいは統合失調症や発達障害など精神障害の罹患率が高いことは以前から指摘されており、5人に1人は一生の間に何らかの精神疾患にかかるとする推計もあるため、今後も向き合うべき大きな課題と考えられている。それぞれの治療法や予防法に関する知見は蓄積されつつあり、そのエビデンスは統計学的手法を駆使した科学的手法で示されてきた。統計学的に扱えるもの、その多くは測定可能で数値化されるものが対象であり、あるいはそうでないものも数値化する作業を進めることで、科学的なプラットフォームに載せることが求められている。今後もその流れは強化されてゆくのだろう。

ただし、人間が対峙する深い苦悩の総体は、分割や数値化には馴染まないことが多い。むしろ隠されたり損なわれたりする危険がある。疾患を主に扱う精神医療に限定せず、心理臨床が対象とする広大な領域を考えれば、言葉にならないものをイメージしたり表現すること、さらにそれを関わる者が共有することが重要であることには異論はないだろう。我々の相談支援活動でも、困りごとを要素的に分解すること、そしてそれを評価し解決すべき目標にすることの限界、あるいは副作用を感じることがある。たとえば、相談者本人が困りごとを言語化してゆくプロセスで、解決すべき課題をかえって遠ざけてしまうことがあり、言語能力が高い者ではそれが起こりやすいのではという着想もある。深刻な心理的外傷体験や自殺念慮など、課題の本質から離れてしまうことで取り返しの付かない転帰を迎える危険もあり、本書はこうした問題意識を出発点として企画されたものである。

非言語的な表現や、それを介した相互理解が可能なものに芸術活動がある。心の有り様を全体として取り扱うことで、言語化によって損なわれる領域をもカバーできる魅力的なアプローチである。芸術活動と相談支援との関係について、また描画や演劇などの各表現手段についての新しい知見や実践活動が精力的に報告されている。しかしその一方で、日々の臨床場面でそれを用いたアプローチが充分に活用されているとは言い難い。2018年6月には障害者による文化芸術活動の推進に関する法律も施行されたが、こうした法律の後押しがあるにもかかわらず、つまり障害のある者に限定したとしても、芸術活動を媒介して自己を表現したり、それによって生きる希望を見いだす機会に恵まれる者は未だに少ない。一部の芸術家や臨床家が熱心に取り組んでいるが、それが必要な者が気軽にアクセスできる状況にはなっていないのである。

我々の組織（相談支援研究開発センター）は、東京大学の構成員を対象に心理臨床や精神科医療を提供する組織である。伝統的な心理面接や精神科診療を適切に行い発展させることに加え、新しい支援方法の開発もミッションとしている。そもそも一般的な心理臨床や精神科医療では、芸術活動を評価や治療として捉える立場から、純粋に芸術的な価値に重きを置く立場まで幅広いバリエーションがあり、加えて描画を含めた創作活動から各種の演劇活動など表現方法も多彩である。さらに本書で執筆した3名の日常の実践は、個別の心理臨床、学生同士を支えるピアサポート、精神科診療と全く異なる立場である。そのため本書は網羅的・総論的な構成とはせず、相談支援の最前線にいる3名が自らの実践とその考察を軸に論を展開する構成とした。それぞれ読み応えのある内容であり、執筆者の人柄や想いも伝わるだろう。そして本企画の総括として、美術史の学術領域を牽引する初代センター長が、芸術活動と相談支援活動の深い繋がりについて歴史的な美術作品を例に論じ、さらに芸術と脳科学の融接可能性という新しい地平を示している。

芸術活動が相談支援領域で高いポテンシャルを持っていること、そして発展的に実践されていることを多くの方に実感をもって知っていただき、苦痛を抱えるひとりひとりの当事者や関わる者への応援メッセージとなることを願っている。

第１章

生きること　表現すること

大塚　尚

1. アート表現と心の世界

1.1. なぜ今アート表現か

絵を描くのは人間の本能です
はるか昔、人類は文字よりも先に絵を描いていたんです
今も、子どもは一生懸命に絵を描きますね

クロマニンゲン展の代表・坂井貞夫さん（後述）は、人が芸術を通して何かを表現することや芸術を求めることは人間の本能だと言う。確かに安全な環境で育った子どもは、誰に教わるでもなく、全身で楽しそうに絵を描き、ものを作り、歌い、踊り、よく眠る。その幸福感は何ものにも代えがたいものかもしれない。しかし、現代社会は大人も子どももいつも頭の中が忙しく、全身で何かを表現したり、幸せを感じたりする余裕がなくなっていることも多いように思う。

筆者はこれまで大学や精神科の臨床現場でカウンセリングの仕事をしてきたが、心身の不調や深刻な悩みに襲われて、生きることに疲れきった人や死を願う人と出会うことも多い。

人の世は、「四苦八苦」「住みづらい」などと表現されるように、いつの時代も苦悩がつきないものかもしれない。それに対して心理学や精神医学は専門的な知識と技術をもとに支援を行ってきたが、どうしても支援という関係は上下を生み出し、する側が強く、される側が弱くされてしまう。

人の本能とも言えるアート表現には、この支援の不均衡な役割をひっくり返す力、個人と社会の垣根を超える力、個人とその人固有の心の世界との交流を豊かにし、人と人、人と社会の間に対話を生み出す力があるように思う。

本章では、そういったアート表現の可能性について、筆者が関わる2つの取組みから考えてみたいと思う。なお、先入観や偏見を避けるため、どういう人が制作したかという説明は最小限に控え、一人ひとりの語りや作品から、その場の空気や豊かな交流、アート表現の持つ力を描き出していけたらと考えている。

まずはそれに先立ち、アート表現と心理学・精神医学の関わりについて少し触れておく。

1.2. 臨床心理学・精神医学とアート表現

アート表現と心の関係を見ていくと、精神疾患や心の問題の治療から生まれた芸術療法、創造性を重視する考え方、芸術的価値を重視するものなど、異なるアプローチがある（まとめにおいては『心理臨床大事典』（氏原ほか編, 2004）や藤澤（2014）などを参考にした）。

①芸術療法・アセスメントとしてのアート

芸術が心の癒しにつながることは、古代ギリシャやそれ以前の呪術社会から知られていたが、心理学的に扱われるようになったのは20世紀前後である。最初に芸術を精神障害との関連で論じたのは1894年のチェーザレ・ロンブローゾ（1835-1909）の『天才論』とされ、その後ハンス・プリンツホルン（1886-

1933）が1922年に『精神病者の絵画』を著し、病者の作品に学問的分析が加えられた。これらは心の病理を扱う表現病理学の基礎となるが、造形活動を治療に用いることにはつながらなかった。

芸術を治療に導入したのはカール・グスタフ・ユング（1875-1961）の功績が大きく、ユングは1913年から自身の精神的混乱の中で造形活動を行い、その癒しと治療的意味を見出して治療場面に導入した。その後、1951年にエイドリアン・ヒル（1895-1977）が芸術療法という言葉を初めて用い、マーガレット・ナウムブルグ（1809-1983）やドラ・カルフ（1904-1990）らによって心理療法の一つとして確立していくこととなった。ナウムブルグは精神分析の技法を取り入れて絵画療法を発展させ、1969年にアメリカ芸術療法協会を創設した。アメリカで芸術療法が興った背景には、当時の公民権運動や学生運動などで人の精神的解放を求める時代背景と、人間の肯定的側面を探求するアブラハム・マズロー（1908-1970）やカール・ロジャーズ（1902-1987）の実存心理学の影響があった。他方、スイスではカルフが分析心理学を基礎として箱庭療法を発展させ、イギリスではドナルド・ウィニコット（1896-1971）がスクイグル法（なぐりがき）を用いて子どもの治療を発展させるなど、世界的な広がりを見せていく。日本では、1973年に日本芸術療法学会が発足し、徳田良仁（1925-2021）、中井久夫（1934-2022）らによって優れた実践がなされ、独自の技法も発展している。

代表的なものとして、描画法、箱庭療法、音楽療法、心理劇など、様々な技法が開発され、アセスメントから治療的関わりまで幅広く活用されている。

②創造性を重視したアプローチ

アートを治療という文脈で用いるのではなく、その創造性自体に重きを置いたのはエリック・ダックス（1908-2008）とエドワード・アダムソン（1911-1996）らが先駆けとされる（Harris, 2014; 藤澤, 2014）。1946年、精神科医のダックスはアーティストのアダムソンを招いて入院患者へのアートプログラムを実施し、これがイギリスの精神医療にアートを導入した最初の公的な取組みとされている。ダックスは絵を解釈したり症状の徴候を引き出したりするのではなく、アーティストは受け身で接し、表現者の自己表現に共感的な雰囲気を作ることが重要と考えた（Dax, 1953）。

その後、ダックスはオーストラリアに移り、生涯を通じて精神疾患患者のクリエイティブアートを収集した。メルボルンに作られたダックスセンターには1万5000以上の作品が所蔵され、メンタルヘルスの促進や啓発のために様々な展示を行っている。1万人超の来場者に行った調査では、9割以上が精神疾患の理解を深めることができたという結果が得られ、作品の展示はメンタルヘルスの意識向上や自殺予防に活用できることを示した（Koh, 2012）。

日本では、中川保孝（1928-2000）が創造性を重視した芸術療法の先駆けとされ、1965年から精神科嬉野病院で描画を導入している。中川は慢性の統合失調症患者に、「病気を塗りつぶすつもりで、画用紙をすべて隙間なく塗って下さい」と言い続け、絵を描くことや作品を通して、自分自身と向き合うことを重視した（嬉野温泉病院ホームページより）。中川は描かれたものを芸術的作品という観点からとらえ、展示によって他者からの評価を得て患者に自信をつけてもらうことを重視した。

また、精神病院の人権侵害問題が指摘され始めた1960年台後半に、東京足立病院などで安彦講平（1936-）の「造形教室」が始まった。その理念は治療として外から働きかけるのではなく、参加者が主体的にアトリエに集い、自由な表現を通じて自らを癒し、互いに支えていくという営みを大切にしたものである。この造形教室では、専門家と患者という関係ではなく、「共にものをつくる役割」という姿勢に基づく人間交流の輪が大切にされている。

③芸術性を重視する立場

より芸術性を重視したものは、アウトサイダー・アートと呼ばれることが多い。1940年台後半にフランスの芸術家ジャン・デュビュッフェ（1901-1985）が精神病院で作品を集め始め、アール・ブリュットと名付けたのが始まりとされる。後に美術史家ロジャー・カーディナル（1940-2019）がアウトサイダー・アートと訳し、現在に至るまで世界的な広がりを見せている。そもそもは、正規の美術教育を受けていない表現者によるアート全般を指し、「生（き）の芸術」とも言われるが、日本では障害者アートとほぼ同義で用いられる場合がある。立場によって、芸術を重視するか、福祉を重視するか、その境界（を超えるもの）かといった差異があり、それぞれに多様な活動が行なわれている。障害者芸術の素晴しさを捉え直すという観点から、エイブル・アートと呼ばれることもある。

国内には、2001年に開設された栃木県の「もうひとつの美術館」、ローザンヌのアール・ブリュットと連携企画を行う滋賀県の「ボーダレス・アートミュージアムNO-MA」、東日本大震災の困難を乗り越えて2014年に開かれた福島県の「はじまりの美術館」などがある。

1.3. 調査研究から明らかになってきたアートの効果

アートが心身の健康に様々な影響を及ぼすことは、多くの研究からも示されてきている。

全般的な効果については、Art Council Englandが中心となって系統的な調査を行っている。その一つStaricoff（2004）は医学系の文献調査から、アートが健康に及ぼすポジティブな影響を挙げている（表1）。

表1　アートが健康に及ぼす影響（Staricoff, 2004）

・アートはがん闘病中の不安や抑うつの低減に効果がある。 ・通常医療を受ける際には多くのストレスが伴うが、アートを用いた介入を行うことで快感情の増加、コルチゾールの減少、血圧のコントロールなどが確認された。 ・アートにより、メンタルヘルスサービスの利用者のコミュニケーションスキルの改善が生じ、他者との関係性の改善にもつながる。 ・アートにより、自分自身を表現する新たな方法を患者に提供することができ、創造的な能力を刺激し、自己評価を高めることができる。

また、同じくArt Council Englandの助成を受けて2014年に発足したAll-Party Parliamentary Group on Arts, Health and Wellbeing（APPG, 2017）は、2年間の調査により多くの実践例と3つのキーメッセージを報告している（表2）。

表2　APPG (2017) による3つのキーメッセージ

・アートは私たちの健康を維持し、回復を助け、より良くより長い人生をサポートするのに役立つ。
・アートはヘルスケアとソーシャルケアが直面している主要な課題、すなわち高齢化、慢性期の状態、孤独感、メンタルヘルスを解決するのに役立つ。
・アートは医療サービスやソーシャルケアの予算を節約するのに役立つ。

これらの知見は、医療や支援にアートを導入することで、症状緩和やストレス軽減のみならず、生涯のウェルビーイング増進やヘルスケアサービスの課題解決に役立つことを示している。

また、近年のCreative Art Therapyについても、Chiang et al. (2019) の詳細な文献調査から、様々な効果や特徴が確認されている (表3)。

表3　Creative Art Therapy (CAT) の効果や特徴 (Chiang et al., 2019)

・CATは精神疾患患者が自分自身、仲間、セラピスト、世界と新しい方法でつながり、コミュニケーションできるようにするための最良の方法である。
・CATは創造性により治療効果を高め、非言語的な表現媒体を利用する点が他の心理療法と異なる。
・CATは患者が芸術的な才能を学び、それを伸ばすことで、自信や自己肯定感、適応、気分、認知機能、社会的機能を高め、精神疾患の症状を軽減することができる。
・CATは入院環境を快適で開放的な環境に変え、医療者や治療計画に対する信頼の向上に役立つ。

アートは人の心や体を癒し、社会活動を支え、自己の変容を生む、多くの可能性を秘めている。次にその実践を紹介する。

2. 心で描く絵画展――クロマニンゲン展

2.1. クロマニンゲン現る

クロマニンゲン展は、鹿児島在住の芸術家・坂井貞夫さんが主宰となり、プロアマ問わずアート制作を続けるアーティストや精神保健の専門家などが集まり、皆で作り上げる展覧会である。「芸術の角度から人間を考える展覧会」と

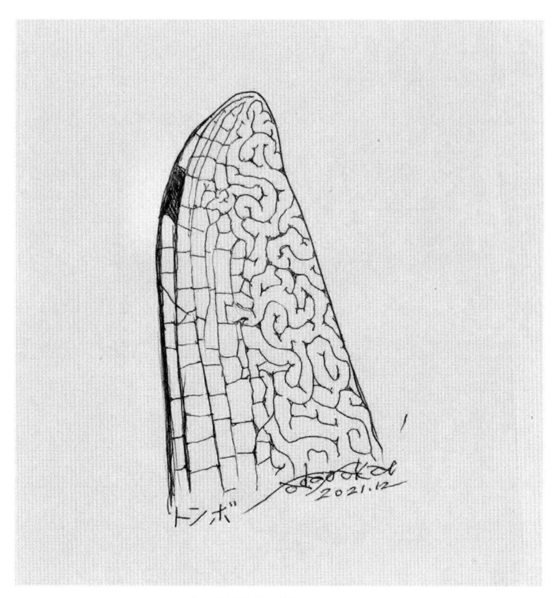

坂井貞夫『トンボ』

も言われ、参加したい人なら誰でも参加可能な、とにかく自由な展覧会である。ルールや制約は一切なく、出したいスペースの分だけ、幅1mにつき1000円〜2000円ほどの出展料を払えば、あとは誰でもどんな作品でも出展可能なところが特徴だ。毎回のテーマも特に決めない。坂井さんは言う。

> 今の社会の中で、人間が、芸術家が、何を表すのか。それを見てみたい。アートの中に、自然と表れてくるんじゃないか。今、自分以外にも何が起こっているのか。全体的に見てみる必要があるかもしれない。

2010年から鹿児島市立美術館を中心に展覧会を開催し、これまで多くの作品を発表してきた。鮮やかな原色で描かれたにぎやかな心象風景、見ている人に何かを問いかけるような風景写真、生きることの苦しみや痛みを表現した造形作品など、参加者一人ひとりの豊かな感性で心の世界や社会を切り取り、様々な表現形態で作品が生み出されている。

坂井さんは、美術を「整備された公園」、芸術を「ジャングル」と対比し、ユニークなアーティスト（＝クロマニンゲン）が集うクロマニンゲン展を、「奇跡のジャングル」と呼ぶ。中には、心の健康問題を持った人の作品もあれば、社会でバランスをとって生きている人の作品もあるが、とにかくなんとなく描く中に、その人の気配が宿る作品があったり、大発見があったりするのだと言う。確かに作品の中には、描き手の感情の揺れ動きや、いのちの息遣いのようなものが伝わってくる作品や、人間の心の深淵に迫るような表現がいくつも見られる。

2020年から21年にかけては、新型コロナウイルス感染症拡大の影響で美術館での展覧会ができなくなり、Facebook上でオンライン展覧会を開催した。筆者はこの頃から関わらせてもらっているが、とにかくその集まりは自由で楽しく、笑いに満ちている。

打合せでは、事務的な話だけでなく、「あっちが痛い。こっちが痛い」「最近は鬱で…」と、自身の調子を語ったり、最近の思いを表現した作品を見せ合ったりすることもある。しかし、誰もそれに過剰な気遣いや不要な詮索はしない。例えば、一人が処方薬の包装シートを使った作品を見せると、「なかなか面白いねー」「これは薬のパッケージですか？」と楽しそうにその表現を味わい、受け止める。しんどければ、「ちょっとしんどいんで」と立ち去り、また元気な時に参加する。そして、「最近調子はどうですか？」と誰かが労わりの声をかける。それをその場の誰もが自然で当たり前のこととして扱っている。なんとも優しい時間が流れ、表現や作品を介して、一人ひとりが互いに相手を認め合い、温かい交流が生まれている。

今回、クロマ（クロマニンゲン展のことを関係者は親しみを込めてこう呼ぶ）に関わりの深い人たちに、アートや表現について話を伺った。その自由で豊かな語りを紹介する。

2.2. とにかく自由な展覧会

坂井貞夫さん・知子さん

　クロマニンゲン展を始めた坂井さんは、仙人のような長い白髪で屈託のない笑顔が印象的なとてもチャーミングな人だ。昔は商業活動として広告会社の依頼でアニメーション制作もしていたが、スポンサーの依頼による仕事は、「顧客が喜ぶ顔にしてほしい」などと必ずケチがつき、自分のセンスを出すチャンスはほとんどなく、「自分って何なんだ、自分が描くものって間違ってるんじゃないか」という感覚がずっとあったという。その中で、「とにかく自由になりたかった」という坂井さんは、仕事として絵を描くのは自分には向かない、とはっきり分かり、自分と同じように商業社会で苦しむ絵描きがたくさんいると感じたため、自由であることが当たり前の芸術の世界を作ろうと思い、クロマニンゲン展を始めた。

坂井貞夫『アメリカがアメリカを殺している』

坂井貞夫『人権』(世界人権宣言60周年に合わせて国連本部に飾られた作品)

自由って言うのは難しい。何をやっていいのか分からなくなる。それがしばらく時間をかけると分かってくるんです。ようするに頭を空っぽにするということ。そうすると、自分の頭が子どもの頭になる。無知の頭から出てくるのが本能。自由というのは案外簡単に突破口が開ける。ただし、生きるというのは大変。お金が入ってこないといけない。だから両方が大事。ただ自由な中から生まれたものが案外好まれることが多いんですよ。自分の自由な部分って言うのは通じるんじゃないか。動物たちにも。僕は子どもの頃にニワトリの絵を描いて、ニワトリに見せたんです。そうしたら絵を見たニワトリが興奮して襲い掛かってきたんですよ。それで僕は絵がうまいんだと気づきました(笑)。

NYタイムズなどに風刺画を描いてきた坂井さん。それは堅苦しい仕事で緊張の連続だが、その緊張の中でも描いている自分自身は堅苦しくなく、「ポーンと外して」緩んだところで描いていると言う。それが風刺画の面白いところだと説明しながら、何やらおもむろに「そうこうしている内にこんなものを作ってるんです」と『トンボのDNAを持つ飛行機』を取り出し、真剣に説明し始める。

> こういうのを作って、新聞の緊張から外れるんです。その時、突然おもちゃを作るんです。これを作ってる間は1日中ニコニコしてました。誰も見てないところで（笑）。

奥さんの知子さんはMBC南日本放送のアナウンサー・ディレクターをしているが、「出張から帰るとたいてい何かできてる（笑）」と言う。着の身着のまま、ご飯も食べずに作っていることも日常茶飯事で、知子さんもそれを当たり前のように受け入れ、楽しそうに一緒に笑っている。そして、その話を聞く皆も、クロマの広告が胴体に入ったトンボの飛行機を見て、優しく笑う。そんな具合に、自然とアートを介して緊張が外れ、自由な遊びが舞い込んでくる。

隣にいる知子さんが次々に作品を取り出して皆に見せながら、坂井さんは続ける。

> 実は僕は頭が空っぽなんです。僕の頭というのは勉強しない。何も入ってない。空っぽの頭は便利。空腹のお腹と一緒で、入ってくるものは全部おいしい。新鮮な頭で子どものように、初めてのように色んなものに出会う。それがきっと面白い。子どもの世界はそうなんだと思う。頭の中が空き部屋だから、いつでも虫が飛びこんでこれる。だからはっきりその虫が見える。トンボが入ってきたら飛行機と混ぜたら面白いだろうと考える。とにかくその部屋で、何が起こるかわからない、そのハプニングを楽しむ感じ。

そこに「人間の原型」があるという坂井さんに対し、知子さんがニコニコしながら打ち明け話をしてくれる。

　このあいだ、突然大きな声で寝言いったんですよ。いつも言ってるけど、なんだか楽しそうにわちゃわちゃと。そしたら突然、「現代アートとは…、初めに自分を全く無知の状態にするところから始まるんだー！」と言い出した（笑）。あまりに大きな声だから、そのまま死ぬのかと思った（笑）今のは遺言か？　と（笑）。

　そんな具合に話し合いの場は、いつも遊びや笑いにたえない。参加者も坂井さんと同じく自由をとても大切にしている。

魔可多宮ナツさん

　日々制作ばっかりしているという魔可多宮ナツさん。絵を描くのは子どもの

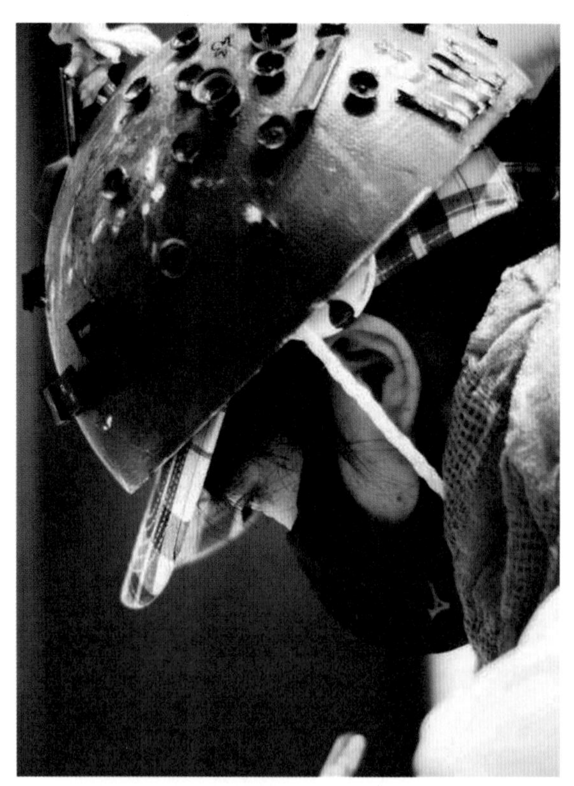

魔可さん制作風景（R. Jono『真剣勝負！』）

Maca Natsu『いえいえ』

Maca Natsu『お化けハウス』

頃から日常で、家ばかり描いていたら、通っていた絵画教室で「家ばっか描くな」と言われたため、「今は反抗期で家ばっか描いている」と冗談交じりに笑う。家だけでなく、ポップで明るい色調で様々な作品を生み出し、展示会も盛んに行っている。

魔可さんもクロマニンゲン展の自由の意義を強調する。以前は関係者から「売れるものを描け」と言われてきたが、2010年に坂井さんと出会い、「自由に描け」と言われ、なんでもいいから出していい、という展示に2012年から取り組むようになった。坂井さんと出会って以降、一層精力的に描きだした魔可さん。坂井さんは「色彩と飛び出してくる無の空間、遊び、生命力。生命現象として自然と出てきたような気がする」とその様子を語る。魔可さんは、それを少し真剣な表情で聞きながら、「（芸術は）脳から、体から自由に編み出す、体から発散するもの。何が生み出されるか分からない。ペンが走り続ける、それが芸術、自由」と語り、自身の制作で大切にしていることをこう説明してくれた。

> 自分を曲げない。描きたいと思ったものを描く。嫌になったらやめたいとなるから。「アートは自由だ」という、にい（坂井さんの愛称）の信念に乗っかって、それを大切にしている。でも私は絵を売ってるから商業的なものもある。ただ売らなきゃいけない、生活しないといけないとなって、描けなくなったり苦痛になったりするのが嫌だから、どう外していくかが大事。自由であるクロマが楽。とにかく楽しい。

MARRさん

中学の時に先生に褒められてから、絵が好きだったというMARRさん。高校で病気になってからは、あまり描くことはなかったようだが、保健所のデイケアで坂井さんと出会い、それから爆発的に描き始めたと言う。

> できるかぎり描きたい絵しか描かない。描きたくない絵は描かない。

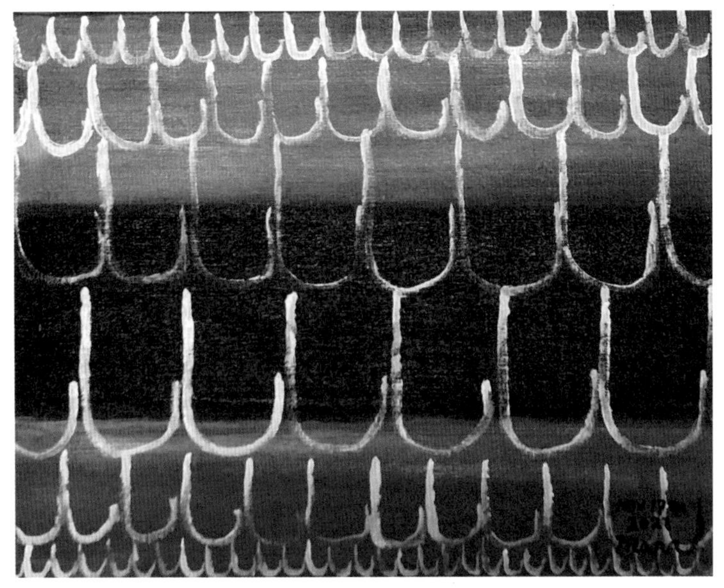

MARR『そして灰になってさっていく』

以前人から頼まれて挿絵を描いた時、あまり描かない写実的なものを描いたらすごい窮屈でした。自由が一番。

自身の制作の秘訣を、愛嬌のある優しい笑顔で教えてくれた。

坂井さんはMARRさんについて、「描き始めてからずっと見てる。最初の一枚から天才気質と思って。うっかり天才と言ってしまって。MARRさんもそれを真に受けて（笑）。でも本当だから仕方ない。色彩、発想、キャプションのセンス。多次元的になっている、独特の世界。言葉が面白い。キャプションが意味を一杯作ってる。そこが独特」と絶賛する。それを聞いたMARRさんははにかみながらも嬉しそうにする。

お話を聞いた時には、一日で2枚描いたと皆に作品を見せてくれた。自分の病状を描いた絵で、1枚はうつを描いたもの。うつ状態の死にたい気持ち、死（し）をひらがなで並べてみた作品。もう1枚は躁状態を表したもの。激しい様子を赤い色で、風船のようにフワフワと徘徊している様子を描いた作品。愛

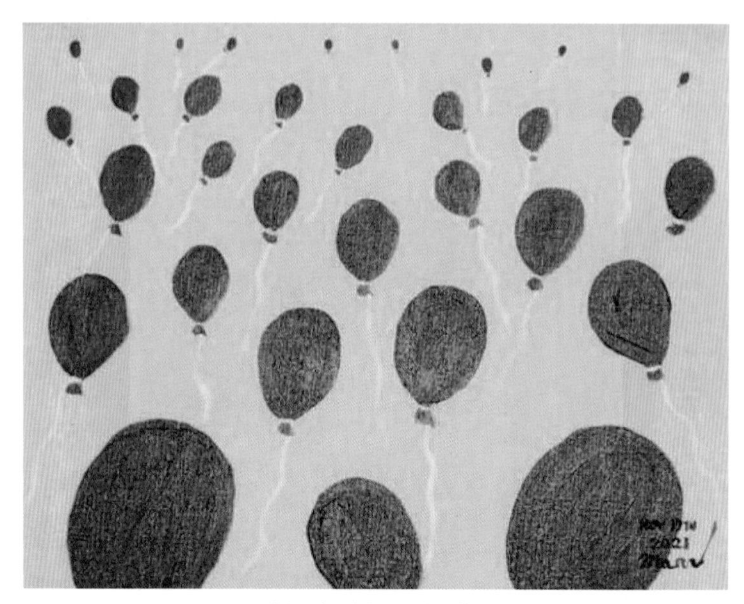

MARR『血の気が濃くて落ち着かない』

MARR『情報が多すぎて、ついに機械になる』

おしむように作品を説明してくれ、皆もそれを「面白ーい」とごく自然に笑って受け入れる。ここでは、自分の喜びや苦悩を表現すること、そしてその作品について語ることが、互いに自然と尊重されている。誰かが自分の存在や作品や声を、受け止め、見届け、聞き届けてくれるという安心感となり、さらにそれぞれの表現や語りが活性化していく。

MARRさんにとっても、クロマは自由がキーワードであるという。「展覧会中もアーティストの個性のぶつかり合いみたいなのもなくて。展示の一週間もあったかくて。搬入搬出も自由に楽しく。とにかく自由で束縛のない感じが好き」とその魅力を語る。

芸術を「生きる意味、生きがい。それがなければ生きていけないという感じ」と説明してくれたMARRさん。その詩も味わい深い。

『生温かい絵画』

MARR

私が芸術家だと誰が言おう
私は言う

あなたが見ている作品には
生の手で描かれた
生温かい絵画
そこに宿るこころ
ここに芸術家がいる
障がいゆえに得た能力で
描いて
描いて
描いて
深い眠りにつく

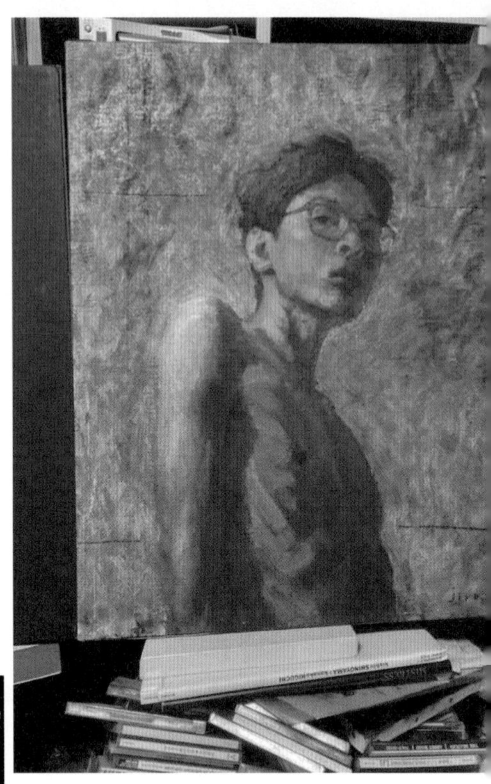

タバ　『19』

タバ　『グランジモップ』

タバ 『どうしようもない気持ち』

タバさん

自身は「アジ」だと言うタバさん。アジが進化をとげて煙草を吸うようになったという。前はサメだった時もあったらしい。タバさんは、普段からぼんやりとものを見るようにしていて、制作においても「主観的にものを見ること」を大事にしているという。

> あと、作品が説明的じゃないかどうか。説明しないようにしている。見る側に任せるっていう感じ。

絵を描けなくなってから、タバさんは写真を撮り始めた。いつも行き当たりばったりで撮っているというその作品は、見る人に様々な感情やイメージを呼び起こす。汚いものにも美があると語り、モップや吸い殻など、その被写体は様々だ。タバさんはゆったりとした口調で言う。

どれだけ作品に寄って…、引き算というか、余計な部分を写さないようにします。写したいところだけ写します。例えば、目、鼻、口。あとは見る側の想像に任せます。

竹島正さん

クロマニンゲン展には精神保健の専門家も参加している。しかも一参加者として対等な立場で。これも一つの特徴かもしれない。支援する人、される人という関係ではなく、純粋にアートを楽しむ対等な仲間という関係で参加しているからこそ、クロマの温かな雰囲気が保たれているように思う。これが誰かが支援する人や教える人で、誰かが受け身の存在となっていたら、途端に分断が生まれ、ぎすぎすして堅苦しい場になっていたのではないか、とも想像される。さらに、竹島さんは「コ・クリエーション」の大切さを唱える（竹島, 2021)。アートの制作が心の健康問題を持つ人のリカバリーに役立ち、制作に向かう生き方と作品が地域共生や社会的包摂の実現に向けたメッセージとなるという考え方だ。アートを中心に共に学び合い、創造していく過程そのものが人や地域を癒していく。

竹島さんは精神科医で、実はとても偉い先生なのだが、クロマではそんな気配は全く出さず、一緒になって楽しそうに遊んでいる。展示の打合せをしていたかと思うと、最近街で見かけたガチャガチャで買った人形を取り出して、嬉しそうに皆に見せて笑う。

クロマが面白いのは1mいくらで、自分の描きたいところに絵を出す。しばらない。それでいて全体が面白い雰囲気になる。それがユニークで面白いやり方と思う。会場では坂井さんのとてつもなく大きなスペースができていたりで、それもまた面白い。

優しいまなざしで皆と一緒にクロマを楽しみ、純粋に一人の人として関わっている、そんな姿が印象的だ。自身も油絵などを描いている竹島さんは、これ

竹島正『希望』

まで心の健康問題のスティグマ対策や新しい社会作りのためのアートを通した活動も続けている。

　皆、それぞれの形で表現しているんだと思う。鹿児島には『クロマ』があって、東京には『造形教室』があって。そういうのがいくつかあるのはとても面白いし、いいことですよね。それがこれからどんな風に変化していくか、楽しみですね。

その他にも個性豊かな人たちが自由に作品を発表し、クロマニンゲン展は発展を続けている。そして、2022年11月、コロナ禍の中断を乗り越え、第12回クロマニンゲン展が対面で開催されることとなった。

2.3. 奇跡のジャングル、ふたたび

『はじまり　はじまり』

MARR

あなたは何を失うでしょう
あなたは何を見つけるでしょう
あなたは何を始めるでしょう

この展覧会で
このクロマニンゲン展で

それは言葉で
それは感動で
それは人に自慢すること

まもなく開演です
焦らず
ゆっくり
堪能してください

アーティストがお待ちです
こころおきなく短めの談笑を
こころのマスクは外してね

大勢の人でにぎわう第12回クロマニンゲン展

MARR『作用副作用』(女)

TV局の取材を受けるタバさん

3年ぶりの美術館での展覧会は、MARRさんの詩を知子さんが朗読するパフォーマンスで幕を開けた。参加者は中学生からお年寄りまで様々、作品もイラスト、絵画、アルコール依存症の人生を綴った人生ゲームと多様だ。アーティストたちは誰もが自分の作品を一生懸命飾り、まるでわが子を見守るように、愛おしそうにも心配そうにも見えるまなざしで眺めている。しかし不思議なことに、誰も周りの作品と比べるようなことはしない。他人の作品を鑑賞する時も、同じように興味深げにじっくり眺めている。

初めて対面で会うMARRさんは、とても穏やかで気さくな方だ。会場には薬の包装シートで作られた作品も展示されている。長年その一つ一つを服用し、ここまで生活されてきたんだろうことが伝わってくる。それでいてどこかポップで愛嬌があるから不思議だ。MARRさんの人柄がそうさせるのかもしれない。

タバさんも、会うととても柔和な笑顔で、おっとりした語り口の優しい雰囲気の方である。連日開場時間の2時間前に会場に到着し、まるで遠足で心躍る子どものような、この日を純粋に楽しみにしている様子が伝わってくる。「写真を1枚撮ってもらっていいですか？」と、タバコのにおいが染みついた愛用の一眼レフを渡され、筆者がファインダーをのぞくと、自身の作品の前で何とも誇らしげで満ち足りた佇まいで立つ。

同様に、出品している誰もが自己顕示的ではなく、他者の評価にこだわるでもなく、ただ作品と自分が同じような仲間とその場に存在するだけで満足という風にも見える。その純粋な気が集まるからか、会場全体が優しく温かい雰囲気に包まれている。皆がそれぞれの立場から能動的に関わり、一つの場を作り上げている。そこには、病者も健常者もなく、ただアートという営みを中心に、純粋に仲間が集い、表現し、それが見る人の心に触れ、それがまたアーティストたちに響き返されていき、新たな生きる力や表現する力につながっていく。そんな豊かな循環が生まれている。

代表の坂井さんは小柄な体に人懐こい笑みを浮かべながら、たくさんの来場者に囲まれ、一人ひとりに丁寧に応じている。時折椅子に腰かけて休みながら、でもその場にいるだけで不思議な優しさと温かさが漂う。御年80歳を超え、少しずつからだの勝手がきかなくなってきていると語りつつも、芸術の話をする時は目に力が宿り、いきいきと楽しそうに話している。

2.4. 本能としての自由と表現

クロマニンゲン展の何がこういう優しさや生命力に満ちた場を生み出すのだろうか。

人間誰しもだが、おそらく参加者も皆、生活、仕事、心身の健康など、なんらかの厳しい現実を抱えていることが想像される。その詳細は分からないが、個々にそういった何かを秘めながら、このクロマの場ではただ作品を一緒に眺め、語り、笑い、自由を味わい、楽しむことが何より大切にされている。そこには、専門家と非専門家、プロとアマといった隔たりや、うまい下手といった評価は一切ない。

それは、まるで様々な現実の制約が押し寄せる以前の、純粋な子ども時代に経験する遊びのようでもある。砂遊びに没頭する子どもは、時を忘れ、目的も持たず、ただひたすらに遊ぶこと自体が楽しい。十分に遊ぶことができれば、それだけで満たされる。そんなふうに童心に帰って遊んだ後のように、クロマの場で過ごしていると心が洗われる感じがしてくる。身体感覚や本能レベルでの心地よさと言ってもいいかもしれない。それはやはりアートに触れることが本能の欲求であること、そして自由を求めることもまた人の根源的な欲求であることに関係しているように思う。

坂井さんは、クロマニンゲン展を始める前に、同じ発想で『国際漫画シンポジウム』を開催していた。そのきっかけも面白い。なんでも、新聞社に投稿していた風刺画が「面白くない」と酷評され、降ろされてしまったのだが、「面白くないはずはない！」と海外のコンテストに出し、見事グランプリを獲得したのだ。そして、そのコンテストが開催されたクノック=ヘイストというリゾート地でのこと。ヨーロッパ中からバカンスに訪れる人が集まるそこには、キース・へリングやルネ・マグリットなどの芸術作品が随所に集まり、見る人の目を楽しませているという。そこで、坂井さんは国際漫画シンポジウムを開こうと思いつく。

> 集まる人は、バカンスを楽しんでいながら、水泳したり酒飲んだりするだけじゃなくて、人間の本質というのか…、「絵をみて考える」ことを欲していると感じた。アートを見たい、というのは究極の欲望だろうと感じますね。

そこから、世界の芸術家たちに「漫画で議論しよう」と呼びかけ、世界中から鹿児島に作品が集まるようになったのは1986年のこと。30を超える国から多い時は650点以上が集まったという。10回ほど開催したところで規模が大きくなりすぎ、運営が難しくなって休止状態に至っているが、それを手伝っていた知子さんも、「そこで間違いないと確信した。世界共通で通じるものなんだと。

アートの根底にあるものを見せ合うというのは、こんなに解放されるんだと感じた」と言う。

クロマの展覧会について、お客さんはよく「純粋」という言葉を使うという。美術関係者が見に来て、「これこそ芸術だ！」と驚くこともあるよう。坂井さんは言う。

> クロマは経歴を持った人がほとんどいない。この人ベテランで、○○賞取ってという人がいない。そういう意味でも物語性がなくていい。それは、自慢話の中に入らないということ。歴史はあまり意味を持たない。

中には、プロとしての経歴を持っていても、「クロマは面白い」と言って出してくれる人もいる。

> いろんな歴史を感じていながら、それから脱却できなかった人もいる。結局自由に、解放されたい、というのがあるんだと思う。展覧会で解放されるというのは独特なのかもしれない。

坂井さんの考えは未来についても同じだ。

> 人生は見当がつかない。計画しても計画通りになるか分からない。計画より面白いものが次々やってくる。そうなると計画もしなくなる。要するにビジョンを持たない。芸術を楽しめるようになると、ビジョンがなくなってくる。すっからかんになってしまうという感じ。だから当然商売にならない（笑）。トンボのDNAを組み込んだ飛行機だ、と説明しても売れない（笑）。

過去、未来、言語、思考から離れ、純粋にアートを楽しみ、人間の根底にあるものを見せ合い、解放される。そんな自由がクロマにはある。そこでは、時間も空間も日常とは異なる広がりがある。

哲学者の鶴見俊輔さんは、時間を近代的時間と神話的時間の2つに分け、忙しい日常生活で失われがちな神話的時間の大切さを語っている（鶴見俊輔『神話的時間』）。前者は私たちが普段意識しているような、誰かと待ち合わせをするための時間、時計で正確に計れる時間であり、後者は生まれてしばらくの子どもが生きているような、時計や日時には縛られない時間、論理や因果や過去や未来がまだ姿を見せず、今が瑞々しくあるような、まさに神話の中のような時間である。鶴見さんは、小さい子どものこんな表現に神話的時間を見る。

おかあさん　きょうのおひさま　げんきがないよ

ひゃー　ぼくのおなか　おにくでできているの　ビニールかとおもった

子どもにとっては、毎日の出来事は驚きと発見の連続である。近代的時間に縛られることなく、神話的時間の中で心と体が赴くままに世界を感じ、日々の出来事と出会っていく。それは喜びと感動に満ちた体験であり、生命を根底から支えるものとなる。おそらくは、誰もが皆そういった時間の中で生きていたはずであり、クロマの時間はそんな豊かな時間を呼び覚ましてくれる。

さらに、クロマでは集まった作品は制約なく、全て出す。全てに対し開かれ、受け入れる空間。言葉で言うのは簡単だが、それを実現し、一つの展示にするのは簡単ではないはずである。しかしクロマには、生老病死も、家もモップも、躁も鬱も出現する。一人ひとりが世界のあらゆることに目を向け、アートとして迫る、そんな雰囲気がある。

詩人のまど・みちおさんは、人間は目の前のものの名前を知った瞬間に分かった気になって、その対象を見ることをやめてしまうが、それはもったいないことだと言う（まど・みちお『いわずにおれない』）。物事の本質は分からないことばかりだと。そのまなざしは、時に宇宙に無限に広がり、時に床に落ちた一粒の仁丹に向けられ、あらゆるものに心を震わせ、ハッとする。それが表現され、詩となっていく。
　クロマの芸術家たちも同じように、心の世界からトンボのDNAまで、その不思議な本質に目を向け、それぞれの感性とイメージを頼りに作品にし、共有していく。経歴や名声、展望などで肥大化することなく、どこまでも一人の小さな人間として、純粋にひたむきに表現する。その存在や作品が交わり、また新たな表現となっていく。
　その自由には、苦労や痛みだけでなく、笑いや愛しさがついてくるのもアートの面白いところだ。そしてそれは、文化を超える。知子さんは坂井さんとの海外旅行のエピソードを紹介してくれた。

　ベルギーのホテルでテレビがつかなかった時に、英語がしゃべれない坂井に試しに絵でコミュニケーションを取ってもらったことがあるんです。さあて、お手並み拝見（笑)、とだんまりを決めこんで見ていたら、フロントでいきなりスケッチブックを広げて、カカカッと描き始めたんです。zzz…と寝ているテレビと、「キー！」とイラつきながら手足を動かしてリモコンをいじり回している姿の漫画を。それをホテルのスタッフに見せたら、皆げらげら笑って。それで「OK！」とすぐに修理に来てくれた。そこにとっても楽しいコミュニケーションが成立したんです。世界中のカフェでもそうだし、パリでスリにあった時の警察でもそんな感じで。入国審査でも坂井の列には渋滞ができる（笑)。

　自由を大切にしながら表現を続ける彼らは、皆とても「生きている」感じがする。これからも奇跡のジャングルでどんな作品が生まれるか、楽しみだ。

坂井貞夫『トンボのDNAを持つ飛行機』

3. 心の危機へのアート表現グループの試み

自分を表現することは、自分の人生を生きていくことと直結している。自分の中にある感じやイメージを表現していくことは、生きることの空しさや消えてしまいたいという思いに立ち向かう上でも、重要な役割を果たすのではないだろうか。その表現が誰かに伝わり、響き、共有されることは、一人の人間が抱える悲しみや孤独を癒し、生を照らす光にもなりうるのではないだろうか。

3.1. 青年期と心の危機

青年期は自分という不確かな存在を巡る悩みに直面することが多く、時に死に傾くほどの危機が訪れることもある。実際に日々の臨床現場では、希死念慮や自殺行動のある青年の対応は常にあるといっても過言ではない。積極的に死にたい訳ではないけれど、「消えたい」「むなしい」「生きていたいと思えない」という声に出会うこともとても多い。

その背景は様々だ。うつなどによって苦しみが続き、死が唯一の解決と考えるようになる人もいる。学業や進路の問題、友人や家族関係の悩み、何らかの喪失体験などをきっかけに、激しい混乱に陥る人もいる。周囲の期待に応えるのに必死で、自分の感情や欲求が置き去りになり、青年期に入って自分がどんな人間かが分からなくなり、空虚感から死を望むようになる人もいる。

こういった心の危機に対して、アート表現にできることはないだろうか。以下紹介するのは、生や死、いのちに関連するような心の危機を経験した青年と一緒にアート表現を行ったグループ活動の記録である。

3.2. the UT ART project

このプロジェクトでは、2019年から約1年にわたり、心理臨床家である筆者と古川真由美さん、美術作家の蓮沼昌宏さん、4名の青年が月に1回ほど集まり、『自分』や『生・死・いのち』といったテーマを巡って、絵画や写真など様々なアート制作を行った。蓮沼さんは、美術作家・写真家として活動されている方で、精神科などでのワークショップ経験も豊富な、ゆったりした口調の、人に緊張感を与えない、優しさがにじみ出る絵描きさんだ。各回の内容は蓮沼さん、古川さん、筆者で案を考え、参加者にも希望を確認しながら、全員で作り上げていった。

参加者のプライバシーに配慮し、グループの雰囲気や本質が残る形で加筆した事例Aさんを取り上げながら、グループの様子を紹介する。なお、作品は実際の参加者の制作物である。

事例：Aさん（20代男性）

【生い立ちや参加前の様子】

Aさんは幼少期から両親の離婚や無関心など、複雑な家庭で育った。周囲の

Aさん『うつの世界』

グループの様子

顔色を窺い、自分が何を感じているか、何をしたいかではなく、常に周りが求める振る舞いをするように生きてきた。勉強していれば周りが認めてくれるから必死に勉強して大学に進学。しかし自分と異なり周りは楽しく主体的に学生生活を送っているように感じられ、「自分が分からない…」と激しい混乱に襲われる。これまでしてきたことが全て空しく思え、自分の存在価値を見出せなくなり、死にたいと思うようになる。徐々に気力も落ち、人から遠ざかるようになり、絶望感に襲われて自殺未遂を図り、精神科に入院となった。退院後、2年間薬物療法とカウンセリングを受け、徐々に危機的状況は落ち着き、社会生活は再開できる状態となった。しかし慢性的な空虚感や希死念慮はあり、自信や自己肯定感は持てず、自分がどうしたいか分からないという苦しさは常にある中で、グループ参加となった。

【初期：自分自身と表現に触れる】

初回は顔合わせをかねて、簡単な自己紹介の後、画用紙に自由に絵を描き、その上で2つのコマを動かしてアニメーションを制作した。互いに緊張し、様子を見ながらの始まりとなり、各自が手探りで表現を始めていった。Aさんも、固く緊張した様子。周りの様子を窺いながら、防衛的ですぐには描こうとしない。筆をとっても、自信なさげに弱い描線に薄い色で、差しさわりのない日常の光景を作った。

次に、自分の中のまだ見ぬ自分や偶然の表現に触れるために、1時間で100枚写真を撮るワークを行った。100枚撮るのは結構大変な作業だが、「僕らは皆下手だから」という蓮沼さんの言葉に背中を押されるように、思い思いに外に出かけて自由に撮り、各自の世界の切り取り方の特徴が表れた。初回から一変し、スタッフを含めて互いの作品に冗談を言い合える雰囲気が生まれた。Aさんは、以前精神的に苦しんで入院していた時の世界の見え方を写し、納得した一枚となったよう。皆も必要以上に詮索せず、かつそれぞれに経験してきた痛みがあるからか、自然と評価を加えずに受け入れ、「こんなふうに見えていたんだ」と共感的な声があがる。Aさんも少し安心したようで、程よく自己開示をし始める様子であった。

3回目は前回の写真から1枚を選び、思いがけない自分の表現に触れるために、それを複数のパターンで描いた。Aさんは、独特の切り口で世界を捉え、時にポップでウィットが効いた作風で描き、「面白い」と皆から感想が挙がる。それを聞いて照れくさそうにするが、どこかほっとしたようにも見える。他の人を「すごいですね。皆うまい」とほめるAさん。それに対し、メンバーやスタッフから「Aさんのも独特の視点でとても面白いですよ」と声を掛けられ、謙

蓮沼さんが描いた自画像

Aさん『自画像』

逐しつつも微笑む。この辺りから、制作後は作品を中心に置いて、「これはこういう絵ですか？」「面白いですね〜」と、皆で自然と意見を交わし合う、穏やかなサロンのような雰囲気が生まれていった。Aさんの語りにも自然と内面が現れるようになり、個人的なことをシェアしても大丈夫と感じ始めている様子であった。

続く4回目は、自分を表すと思えるものなら何でも良いこととして、自画像を描いた。Aさんは、他の人が真剣に描く姿を見て、初めは落ち着かない様子。だが、プロの蓮沼さんが目の前で迫力ある自画像を描くのを見て、皆で感動し、自然と筆が進むのにつられるように、Aさんも集中していく。色が滲む様子を慎重に味わいながら、その複雑な色合いを自分と見立てて抽象画を描いていく。「皆が真剣に描いているのを見て、最初はどうしようと感じたけど、描いている内に集中して描けたからよかった」と語り、他のメンバーから「色合いがきれい」と声をかけられると、照れくさそうに笑う。少しずつこの場では感じたことを表現していい、という安心がAさんにも他のメンバーにも感じられ、自然とそれぞれの個性的な表現が出てくるようになっていった。

【中期：オンラインで表現をつなぐ】

本来であれば、この後自身の危機や生と死をテーマにした絵を描く予定であったが、新型コロナ感染症拡大の影響で、集まっての制作ができなくなってしまう。この非常事態の中、全員が最後まで参加することを望んだため、再会できる日を待ちわびながら、オンラインビデオ通話を利用してグループを継続することとなった。

まず、集まれなくなった中で行ったのは、『旅先からの手紙に見立てた絵葉書』を送り合うことであった。各自が自粛生活で感じたことを好きな素材に描いて送ってもらい、その後オンラインで集まり、作品をシェアし、互いを励まし無事を確かめ合った。Aさんは春らしく優しい色合いの風景をちぎり絵で表現した。感染症拡大の緊張した日々を一人耐えていること、その中でも健気に春を望む様子が表現されている。Aさんはひそかに画材を買いに行き、自分な

Aさん『春景』

オンラインでの制作

りにこだわって作ったものであることを明かす。画面越しだがその思いが染み出てきて、メンバーからも「おー、すごい！」「きれい」と自然と笑顔がこぼれる。グループの初期は緊張し、自信がなさそうに制作に取り掛かっていたAさんだったが、徐々に自分を表現していいということ、それが周りの人たちに受け入れられることに安心を感じて、積極的に参加するようになってくる。この頃からAさんはプライベートの時間にも絵や写真を始めたことを明かしてくれ、Aさんの中で表現が続いている様子が見られた。

【結び：『生・死・いのち』を描く】

さらに数か月が経過したが、感染症の勢いは収まらず、集まることが困難だったため、皆で話し合い、最後の絵画制作もオンラインで集まって実施するこ

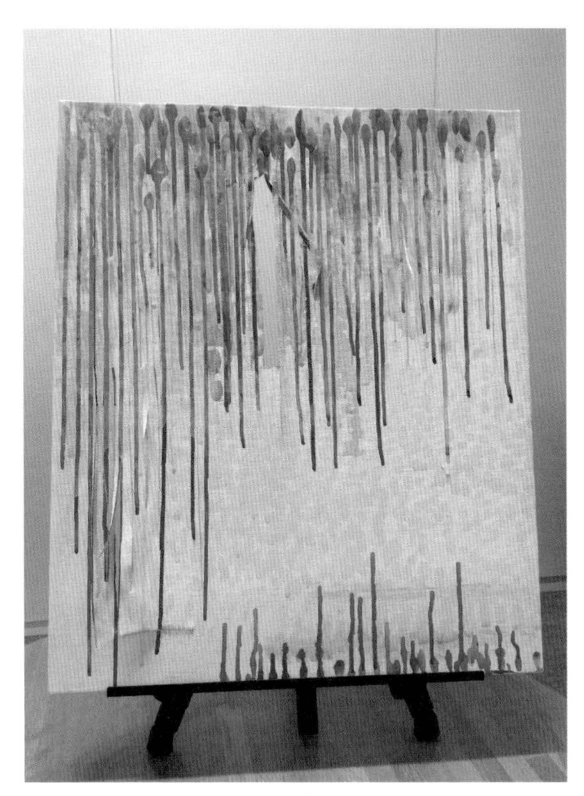

Aさん『無題』

とした。

『生・死・いのち』をテーマに、大きなキャンバスに思い思いに絵筆を走らせる。たまに誰かが他の人に反応して言葉を発することはあれども、ほとんどは皆黙々と真剣に1時間半ほど制作に没頭した。Aさんは、初めて見る大きいキャンバスに戸惑いつつも、意を決したように絵の具を垂らし、心の中のイメージに従って作品を作っていく。そして、自分の中の何かを断ち切ろうとするかのように、思いを込めてキャンバスを切り、一生懸命に表現するAさん。描き終えた後は、「描けて良かった」とほっとした様子で、「重力には逆らえないですからね」と力の抜けた笑顔を浮かべる。絵の具が重力で垂れていく様子に、自身が精神的に落ちていく際の感覚を重ね合わせるようでもあり、自分の中の苦しみや痛みと自分なりに折り合いをつけながら、古い自分をどうにか断ち切って必死に生きていこうとするような思いが込められた作品となる。

【展示会『つむぐ むすぶ めぐる』】

一生懸命に描いたものを、せっかくだからということで、皆で話し合い、カフェ・ギャラリーで展示することとした。会場では、「友達や家族を連れて来たいと思えるか」という視点を大切にし、『つむぐ むすぶ めぐる』というタイトルで、「生と死、いのちというテーマをめぐり、青年たちと心の専門家と美術家が、考え、語り、描いた」という説明だけを添えた。これには作者や作品が偏見を持って見られないようにという意図も込められている。

会場の一面を生と死をテーマにした作品で飾り、全部で40点ほど展示。窓からは日が差し、空間全体が優しく温かな場となった。Aさんは前日の搬入から参加し、さらに展示の乱れを確認するために会期中もこっそり何度か訪れていたことを明かす。

感想ノートには、「こうして生・死・命に向き合う時間をもたれた勇気と真摯さに、頭の下がる思いです」「作品の1つ1つが生きていることやこの世にあるものへの出会いのように感じました」「中には重たいものもあって苦しみも感じましたが、それでも生に向かうエネルギーを感じました」など、温かなコ

『つむぐ むすぶ めぐる』展　DM

『つむぐ むすぶ めぐる』展

メントが多く寄せられた。

展示を終えた後、最後に皆でグループの感想を述べ合い、懐かしむように振り返った。Aさんは、しみじみと感想と感謝を語った。

> 展示が温かく優しい雰囲気で驚きました。皆と展示ができてよかった。普段頭で考えすぎてばかりだけど、このグループでは頭を空っぽにすることができて良かった。あと、自分には特徴がないと思っていたけど、あってよかった。皆普通の人に見えて、色々な体験をしているんだろうな、と思って、そういう人と出会えたのは貴重な時間でした。皆さんと出会えたことに感謝します。

筆者や古川さん、蓮沼さんからも、困難な中でも表現活動ができ、皆がグループに親しみを感じたことへの感謝と感動を伝えた。最後は皆で名残惜しさを感じつつ、笑顔で感謝を述べ合い、会を閉じた。

Aさんは、表現を通して、淡くおぼろげだった自分の内面の動きに触れていくように、自分の確からしさをつかむように、真剣に取り組むようになっていった。最初は緊張とためらいを抱えながらの参加だったが、徐々に主体的に表現するようになり、最後には自分と向き合い、皆との出会いの中で自分の生を歩み始めていった。

今回のグループでは、Aさんに限らず、全体としてとても温かく優しい場が生まれた。それは筆者も当初は想像もしていなかったことであり、ここまでの感謝と感動を感じられたことにスタッフも驚いている。それは参加者も同様で、それぞれにグループに馴染みを感じ、最後までやりきれたことや、展示で温かな雰囲気が生まれたことにそれぞれが心を動かされ、何かを感じ取っている。

このような温かい雰囲気が生まれたのは、やはりアートを用いたからこそだろう。アートが変化に必要な「あそび」や「すきま」をもたらしてくれたとも言える。車のハンドルにしても線路のつなぎ目にしても、あそびがないとうまく動いていかないことは多い。今回も一人ひとりの心の中に、人と人との間に、アートが程よくすきまを作ってくれたように思う。

3.3. アートが生み出す「すきま」の大切さ

心を空っぽにして対象に出会うということ

Aさんが語ってくれたように、絵を描きながら、日常の思考を離れ、「自分を空っぽにする」ことは癒しや変化を生み出すことがある。今回の試みでは、100枚写真を撮ったり、あえて違う描き方をしたりと、普段の論理や言語から離れて、直感的な表現に身を委ねることを大切にした。その場はとても温かく、その中で自然と変化が生まれたが、仮にすきまなく作られたプログラムだったらそうもいかなかったかもしれない。自分が撮りたいと思うものを何時間も考えて撮り、自分を描くために徹底して鏡と向き合い、生と死を納得するまで語り合って作品にする。想像しただけでも少し息がつまってくる。それが性に合う人もいるだろうが、おそらくはグループ全体が重苦しいものになり、中断に至っていたかもしれない。

あえて考えることを一旦脇に置き、直感や感性に身を任せ、偶然の出会いに心を開いていく。それは怖いことかもしれないが、否定や批判をされない安全で守られた場でそれができると、思いがけない発見があったり、心躍る体験ができたり、まだ見ぬ自分への気づきが得られたりすることがある。普段悩みや葛藤に心を占められている時というのは、どうしても思考が「自分が自分が」と狭まり、自我が肥大しているような状態となっていて、苦しみから目をそらしにくくなってしまうものである。そこで、一旦その自分を離れて、何かのために心の中にすきまを作る。それができると、苦しみそのものが消えるわけではないが、ちょっと力が抜け、息をつけ、目の前のことに目が向けられるようになったり、違った捉え方が舞い込んできたりすることがある。クロマニンゲン展の坂井さんも、「空っぽ」にして対象との出会いに心を動かすことの大切さを語ってくれたことを思い出す。心の中を空っぽにして、今出会っている世界の中の対象や出来事を自分の中に迎え入れ、純粋に心を動かす経験は、それ自体が生き生きとして瑞々しく、人に力を与えてくれる。

しかし、自分のことで頭が一杯になっている時に、すきまを生み出せと言ってもそう簡単ではなく、意識や努力だけでは難しいことも多い。そんな時、アートはとても都合が良い。無心に絵筆を動かし、シャッターを切ることに没頭できると、自然と対象を観察し、それを表現する中で自我のこだわりから離れやすくなることがある。

その対象は、時に自分自身となることもあり、まだ見ぬ自分、可能性を秘めた自分など、新たな自分を発見することにつながることもある。そうやって自分を空っぽにすることで得られる発見は、知的な理解ではなく、イメージや体感を伴って実感されるものであるため、本人にも説得力があり、腑に落ちる経験となり、それがまた新たな気づきや変容につながっていく。

言葉ですきまをふさがない

筆者も普段は言葉によるカウンセリングを行っているため、言葉の大切さを否定するわけではないが、時に言葉は大切な心の動きや関係性を邪魔することがある。不安な時に信頼する人に背中をさすられたり、そっと肩に手を置かれたりすることで心が解けることがあるように、身体的な触れあいや交わりが心の安寧に与える影響はとても大きい。しかし、通常カウンセリングでは、身体に触れることは禁忌とされ、クライエントに物理的に触れることはしない。その点、アート表現は、表現やイメージを通じてきわめて身体性に近い所での交流を生み出すことを可能にしてくれる。お互いに作品を介して、イメージを通して、言葉にできない相手の世界観に触れ、感覚的に感じ取り、自分の中に入れ、またそれを響き返していく。その時に交わされるのは考えを知的に整理するための機械的な言語ではなく、言葉では表せないものをどうにか伝えるための声であり、単なる情報伝達ではなく、人と人の温もりある対話である。

その交流においては、時に沈黙もまた大切である。今回のグループでは、制作後に語るサロンのような雰囲気も味わい深かったが、黙々と作業を共にすること自体にも意味があったように思う。もし言葉でそれぞれの危機を扱っていたら、ひょっとしたらそれぞれのテーマを頭で考え、知的に分析し、思いが言葉になる前に誰かがそれらしいことを言い、関係性が深まらずに白々しいグループになっていたかもしれない。自分の中に起こっていることやその時の思いを言葉で埋めなければならないことは、時に苦しいことでもある。性急な言葉や理解したつもりになった言葉で間を埋めることで、変化に必要な心の奥深くのわずかな声が出て来なくなってしまうこともある。今回の試みでは、沈黙の中、それぞれがひたむきに表現と向き合い、その息遣いやかすかな震えが身体を通してその場で共有されたことで、言葉を超えた部分でお互いの存在を見守り、尊重し、存在を預け合うような雰囲気が生まれた。これもアート表現だからこそ可能になったことだろう。何も手を動かすことなく、何も介していなかったら、きっと誰かが沈黙の気まずさに耐えかねて、妙な言葉で大切なすきまをふさいでしまっていたかもしれない。

アートが生み出すケア関係の反転

今回のグループでは、一人ひとりが生や死というテーマを前に非力な存在として出会い、互いにテーマと向き合い、励まし合い、表現を通じて交わりを続けたという感覚が筆者には残っている。生きること、死んでいくことという難しい問題について、一緒に一生懸命取り組んだ仲間になっていったようにも感じる。「仲間」というのは支援の場には不釣り合いな言葉かもしれないが、ここにケアというものを考えるための大切なものがあるようにも思う。アートを介して、それぞれが互いに力を与えあう、そこに生まれるのは通常の支援関係よりもかなり対等な関係である。

何かを表現しようとする時、人は受け身ではいられない。特に、外側から観察するのではなく、中に入って参加しようとした場合、支援者という立場でも、悩み、考え、主体的にならざるを得なくなる。今回、生や死というテーマを前に、筆者自身も自らの経験と向き合い、それを作品を通してさらすことの緊張や怖さを感じつつも、弱さを見せ合った。一治療者という立場から引きずり降ろされたわけであるが、ともに懸命に表現する関係は、自由で心地よく、筆者もスタッフもケアされるような体験となった。ケアを提供する側の枠組みで始めた取組みで、支援者自身もケアされていく。それがなぜ大切なのだろうか。

一般的に、「支援すべき人」という位置に置かれると、人は無力にされてしまうものである。病院で一度患者扱いされると、長時間の待ち時間や不親切な対応も我慢してしまうように、特定の支援をお膳立てされてそれに従わざるをえない状況は、人を受け身にしてしまう。それで良くなれば問題ないという考えもあるかもしれないし、身体の病気の場合は、素人は手術も投薬もできないのだから、おとなしく医療者を信頼して身を委ねる方が良いこともある。しかし、心の変容にとっては、その人のタイミングで、その人が納得し、主体的に問題に取り組んでいくことがことのほか重要である。誰かに言われたからするのと、自分で腑に落ちて歩み出すのとでは、意味合いが全く異なってくる。

だから支援者がお膳立てして変化を生み出すのではなく、一緒に一生懸命に何かをしている内に変化が生み出されるくらいの方がちょうど良いことがある。前者の方が支援者は有能感に浸れて気持ちいいかもしれないが、それは支援される側を無力にすることで成り立つ歪んだものであり、後者の方が支援を受ける側に自由と主体性が保たれている。言葉を獲得する前の子どもが養育者と一緒にかわいい動物を見て「すごいねー、かわいいねー」と、心を通わせることを共同注視と言うが、他者と一緒に何かを眺め共有することは、他者と心が通い合うことの安心や喜びの原型となり、こういう体験をもとに人は複雑な概念や感情、人間関係を獲得していく。ここでも、他者から与えられる言葉や概念が先にあるのではなく、一緒に何かを見てハッとして、心を動かし合うことが先に来るのである。一緒に何かを共有し、あとはその人のタイミングで変容が訪れるのを待つ。心の問題のケアのあるべき姿というのはそういうものなのかもしれない。支援者は安全に心を配り、あとは一緒になって心を空っぽにして、何かが訪れるのをともに待つくらいがちょうど良いのかもしれない。

アート表現は、自らを癒し、現実と向き合う力を与え、生を自由で豊かなものにする。それはたとえ、死につながるような心の危機に対峙した時でも、言葉や思考にはない力でその人の生を支え、他者とのつながりを生み、自らのまだ見ぬ可能性や創造性を引き出す、豊かな手段になりうるもののようにも思う。
これからもその可能性をじっくり眺めていきたい。

（執筆を快く許可して下さったクロマニンゲン展の皆様、アート表現グループの皆様に感謝申し上げます。なお、アート表現グループは、科学研究費補助金（課題番号：17K13946, 20K03457）を受けて実施したものです）

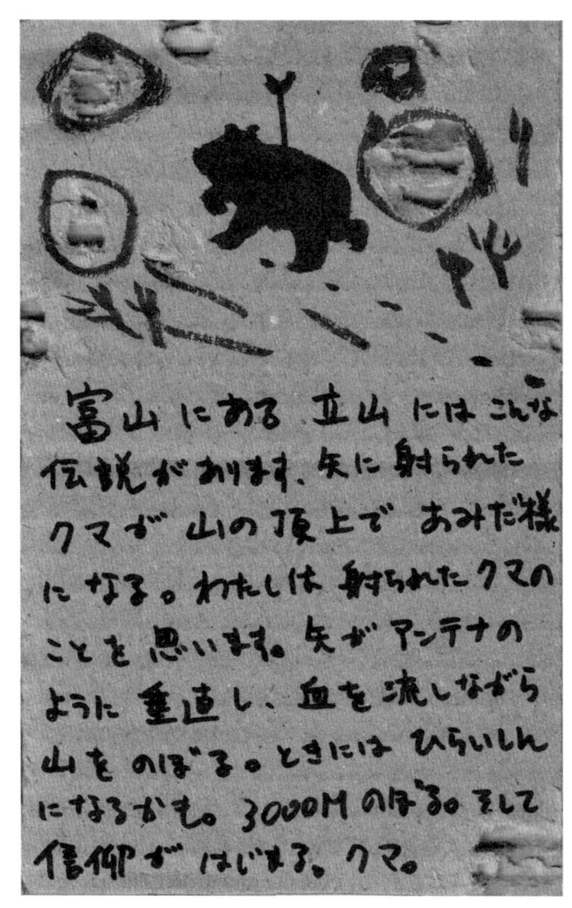

蓮沼さんの絵葉書

参考文献

APPG (2017), Inquiry Report Creative Health; The Arts for Health and Well-being. Second edition.

Chiang, M. et al. (2019), Creative art therapy for mental illness. *Psychiatry Research*, 275, 129–136.

Dax, E. C. (1953), *Experimental Studies in Psychiatric Art*, J. B. Lippingott Company.

藤澤三佳 (2014)、『生きづらさの自己表現――アートによってよみがえる「生」』、晃洋書房。

Harris, J. C. (2014), Cunningham Dax Collection. *JAMA Psychiatry*, 71(12), 1316-1317.

Koh, E. (2012), The Psychological Dimension of Mental Health Prevention. *Jpn Bull Soc Psychiatry*, 21, 505-512.

まど・みちお (2005)、『いわずにおれない』、集英社。

Staricoff, R. L. (2004), *Arts in Health; a review of the medical literature*. Arts Council England.

竹島正 (2021)、「こころの健康問題からの回復とアート，コミュニティのつながり」、『トラウマティックストレス』、19 (1)、28-34。

鶴見俊輔 (1995)、『神話的時間』、熊本子どもの本の研究会。

氏原寛ほか (編) (2004)、『心理臨床大事典』、培風館。

第2章

表現と　つながりと　生きる力

お互いが表現するエネルギーが　お互いを支え元気にする

鬼塚　淳子

芸術療法には、絵画・彫刻・塑像・陶芸などの芸術創作、写真・映像など視覚メディア表現、舞踏・舞台・ダンスなどの身体芸術表現、歌・音楽・リズムなどの聴覚メディア表現、詩歌・短歌・俳句などの言語表現、書道・カリグラフィなどの二重表現、etc……あらゆる人間の感性を用いた表現が含まれる。また、療法という枠組みでは、夢・イメージ、生け花・園芸、ペット飼育、絵葉書・絵手紙、編み物・裁縫、料理・菜園、散歩・体操、etc……日常生活の中で人が行うあらゆる活動を通した表現が取り扱われている（徳田ら 1998）[1)]。

人間性心理学の原則（humanistic principles）に基づいた治療的な分野では、「表現療法」（expressive therapy）という用語は、非言語的、隠喩的表現法という意味で使われている（N.Rogers 1993）[2)]。

本章では、芸術的あるいは日常的に行われる様々な人間の「表現活動」総てに重点を置くことから、本章においては芸術的表現・非言語的表現を用いた心理療法を総じて、「芸術表現療法」と統一して表記する。

> 心理療法のプロセスの１つの要素は、創造的なエネルギーの目覚めです。
> すなわち、創造性とセラピーは重なり合っているのです。
>
> （N.Rogers 1993,「表現アートセラピー」）[2)]

まえがき——芸術表現療法に片足を突っ込むまで

足元を照らす蛍、ならぬレーザービームのような強い光に導かれ、深遠な心理の入口をくぐった契機は2つある。

1つ目は、1980年代後半バブル期、ベンチャー企業の開発室にいた私は、派手な広告戦略に携わっていた。1年経った頃、後頭部に500円禿げができ、朝起きられなくなり、会社を辞めた。お金で価値が測れない世界に行きたいと心から願った。途中で放り出していた教職免許を取りに大学に戻り、しばらく仕事から離れ、消耗した自分を充電した経験による。

2つ目は、90年代初頭、地方都市の公立中学校に美術教員として赴任した。現実はさらに疲弊していた。校内暴力で荒れ、生徒が教室に入らず廊下や校庭を自由に行き来し、授業が成り立たず、先生たちも注意する気力を失くしていた。クラスの半数の生徒たちは「なんであいつらに構うと？　普通に授業してよ」と不満げに言い捨てた。これが毎日なら当然この子たちの心も疲れている。「わかった、なんでも自由に好きなものを描いていいよ」と提案してみた。すると生徒は、「でも点数つけるっちゃろ？　本当に自由になんか描けんやん」という。おっしゃる通り。「じゃあ、上手下手で評価しない」というルールを作った。

それから美術の時間は生徒たちの息抜きの時間となった。マンガを描くもの、絵の具をひたすら混ぜるもの、友だちと交互に絵しりとりをするもの、一人でアニメキャラ作成に没頭するもの。そうなると、外に出ていたワルたちが教室に戻って来て、教室はエネルギーのカオスになった。「先生、これ教えて」と呼ばれ、しゃがんで話していると、突然隣の先生が「お前ら、自習は静かにやれ！」と怒鳴り込んできた。「自習じゃありません、先生います」と生徒が返し、私がむくっと立ち上がると、「いるんなら静かにさせてください」と呆れ顔で去っていった。生徒たちはシーっ！　と言いながら笑顔で制作に取り組んだ。あのどんよりとした、諦めた、疲れた顔はどこにもなかった。

一体何が起こっているんだろう？　なぜ彼らはあんなに投げやりで気力がなかったのに、こんなに楽しそうに生き生きとしている？

ある日、いつもは教室に入らないワルのメンバーの一人が、本当は描くことが好きなのか、自分の手を鉛筆デッサンしていた。決して上手くはないが、線の勢いと躍動感が素晴らしく、「すごい、いい」と褒めた。すると周りのワルメンバーがちょっと冷やかした後、なぜかみんな一斉に手のデッサンを始めた。褒めて欲しいのか、自由なのがいいのか、いろんな要素があるだろうが、彼らが黙ってスケッチブックに向かっている表情を見て、「これだ！」と気づいた。いちばん重要なのは、自分が何かを生み出すことに集中していること、自己表現する行為・過程そのものなのだと。

そこから、臨床心理学の門戸を叩き、芸術表現療法という領域を教えて頂いた。比喩でなく、知識が水のように全細胞に吸収された。村山正治先生に出会い、大学院に誘って頂いた。あらゆる場所で芸術表現療法を実践した。内界を表現し過ぎることの危険性もわかってきた。絵に対するスティグマから表現に馴染めない人に、どう表現を促すかを工夫した。芸術じゃなくていい、落書きでも、言葉でも、行動でも、何か自分の中にあるものを、外や他者に向けて発信できれば、それは全部自己表現になる[3)]と、知識でなく体感として獲得した。セラピーが動く時にいつも同じこと＝心がゆるむ感じが起こる、それは何らかの自己表現、その人の資質に沿った、その人らしい表現を支援することだと、増井武士先生にスーパービジョンを受けた。画材と紙がなくても、そこに描きたいもののイメージを共有し、「それはどんな風景だった？」、「それって柔らかい？　どんな色？」と対話を通して芸術療法ができると、神田橋條治先生に教えて頂いた。学生相談の現場で、学生たちが安心して自己表現ができる居場所づくりを行い、リトリート（避難所）として守られた中で学生が回復して行くことを峰松修先生に教わった。支持的な相互作用が1対1でなくグループメンバー間で起こると、お互いのやりとりが相乗的に増える。どうしたらもっと良くなるかな？　と、その場にいるみんなが一所懸命に考え、レスポンスを投げ返す。その反応＝自己・他者を含む表現が全てエネルギーとなって届く。それがきっと、表現の持つエネルギーであり、受け取った人が自分の力を確信する(=セルフ・エンパワメント）のだ、と今は私が確信している。

本章は、これまでの多様な表現への取り組みの中で、前出の「一体何が起こっているんだろう？」という問いに対して辿り着いたいくつかの答えを示しつつ、まだ行き着けていない表現の本質と、表現のその先の道すじをかたどっていく過程の記録である。

1. 自己表現と自己治癒力のつながり

1.1. セルフオフセンス――いかに人の心をゆるめられるか

“いかに人の心をゆるめられるか”という大きなテーマが向こうからやって来たのは、心理臨床家のひよっことしてケースを持っている時だった。試行錯誤が続く中で、この先どう進むかはわからないが、一旦行き詰まりの突破口への小さな光が見つかる。その時に、「いつも同じことが起きている」と感じることが続いた。その感覚とは、「クライエントが辛い行き詰まりや無力感、どうしようもなさを感じている時に、クライエントと表現されたものとの対話・交流の中で、ふと気持ちが動く時に生じる、“はずす、ほぐす、ほどける、とく、はなれる”といった感覚の存在である。クライエントと表現されたものとの感情交流によるクライエント自身の気づきにより、“自分の内面の感情がオフ的になったと感じられる感覚”を、“セルフオフセンス”（心がオフになる感じ）と名付けた」[4)]。

少しだけ、“オフになる感じ”について語りたい。英語のoffには本来、《固定・付着した状態から》離れて、外れて、取れて、脱げて、名詞として休み、切断などの意味がある。offを用いる多くの熟語や慣用句に示されるような広義・多義の“オフ的な感覚”全般を、1語の日本語で指し示すことは難しい。この感覚は、offの意味そのものよりも、“オフ的”なニュアンスが最もぴったり来る印象がある。この“オフ的”働きによって、枠が外れたり、距離が取れたり、空間ができたり、固まったものが溶け出したり、固着していたものが取れたり剥がれたりする心の動きが生じる。そこで、今まで固まり、縛られ、窮屈に萎縮していたような心の感じが、その空いた空間に流れ出したり、膨張したり、入り込んだりするゆとりができ、その結果としてゆるむ、とける、ほっとする、楽になるといった心的作用が生じる。

一方でoffには退行、切断などの意味もあり、自己感覚を呼び覚ますには、今の連続している心の感じを一旦切り、オフ的状態にすることにも同様の意味がある。

では、なぜ表現によって心がオフになるのか。図1のように、クライエントと表現されたものの間に対話の相互作用（矢印）が生まれ、セラピストに話すことでさらに矢印が増える。この矢印が感情エネルギーそのものであると仮定する。同様に、図2の相互支持的グループでは、メンバーがもっと良くなるように、元気になるように、励まし、エールを送る気持ちでその場にいる皆がストロークを送る。それが多ければ多いほど、悩んだり、落ち込んでいたりして

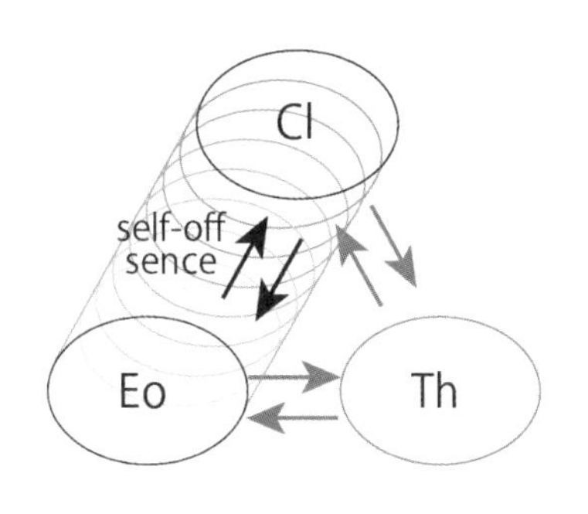

図１“セルフオフセンス”と
主な２者関係のある
３者関係の概念

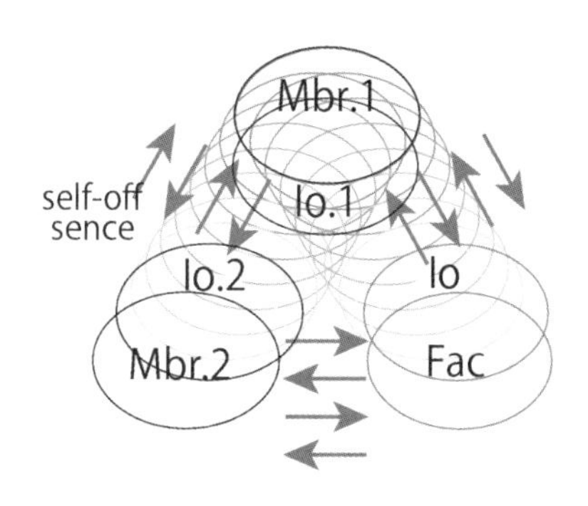

図２“セルフオフセンス”と
支持的グループによるイメージ共有の
相互作用の概念

図中略記：Cl=クライエント、Th=セラピスト、Mbr=メンバー、Fac=ファシリテーター、Eo（Expressive Object）=表現されたもの、Io（Imaginary Object）=イメージされたもの

いたメンバーがプラスのストロークを受け取り、自分の力を確信できるようエンパワメントされる。また、セルフオフセンスは、具体的な視覚化された表現されたものが存在しない場合でも、メンバーの中に想起されたイメージされたものを、その場にいるメンバー間で共有することにより、同様に生起するというのがセルフオフセンスの理論である（図2）。

1.2. 自分の心と対話する——インナーイメージドローイング自己表現法

セルフオフセンス理論の基礎となったインナーイメージドローイング自己表現法[4)]は、臨床心理学におけるカウンセリングの三条件を提示したC. Rogers (1902-1987) のパーソンセンタードアプローチと、Carlの娘であるN. Rogers (1928-2015) が自身の芸術療法である表現アートセラピーを統合した、「パーソンセンタード表現アートセラピー」理論に基づいている。C. Rogersは、著書*On Becoming A Person*[5)]の創造性理論の中で、「創造的でありたいという主要動機は、心理療法における治癒力の傾向、すなわち、人の自己実現や潜在力の実現傾向である」と述べ、その基本精神を受け継いだN. Rogersも、「全ての人が、創造的になれる能力を、生まれつき持っている」、「表現アートセラピーは、支持的な環境で、多様なアートを用いて成長と癒しを促す」[2)]と、人のもつ潜在力と創造力により成長する力を信じる姿勢が一貫している。これはグループにおいても同様であり、いつも人がセンタード、その人がよりよくなることを考え、支持する姿勢は、クライエント（表現者）を中心に、内界のイメージ表現（インナーイメージ）が土台にありつつ、具体的な描画 (Drawing) に限らず、対話 (Dialogue) を用いる技法は、新しいインナーイメージ“ダイアローグ”自己表現法であるとも言える。

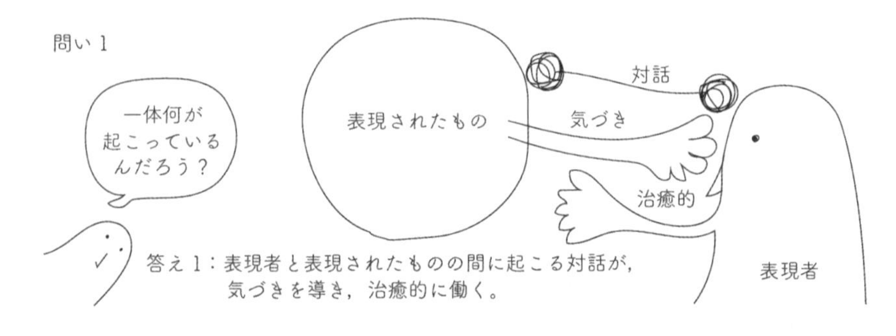

1.2.1. インナーイメージドローイング自己表現法の基本姿勢

①自己表現の場では、表現されたもの、イメージされたものと表現者との対話に重点が置かれる。
②表現者や表現されたもの、イメージされたものを批評・批判しない。
③メンバーは受容的な姿勢で表現者の語りを聴き、「あなたがもっと良くなるように」という願いを込めてフィードバックを行う 。
④自己表現の場で扱う表現は、絵や工作だけでなく、1本の線、落書き、言葉、音、ダンスなど何で表現しても良い。
⑤自己表現の過程で最も重要なのは、表現者とメンバーとのシェアリングである。

また、内界を安全に表出できるように、現実世界では絵を描くことに対して苦手感がある、人前で自分の創作物を見せることが恥ずかしいと感じる人への抵抗感を和らげるよう、以下の工夫がなされている。

⑥自己表現の場では、上手な表現を目的としないという基本ルールを事前に共有する。
⑦最初に基本的な姿勢を理解し、内的世界の表現に慣れ、段階的に実施する。
⑧表現されたもの、イメージされたものをここにいるメンバーと共有する・しないのも表現者の自由である。

これらの工夫は、過去のトラウマや現在の負の感情が表現者の予測しない範囲で表出することを軽減する（解消ではない）点に留意している。

自己表現の場は、自分の中にある傷や葛藤と、対決あるいは解決することが目的ではない。まず、その存在に気づき、「あー、あなたはそこにいるんだね、わかっているよ」とやさしく声をかけ、存在自体を認め、いたわり、一緒に抱えていくことを大切にしている。存在に気づくためには、ある程度自分の内面に正直に踏み込む必要がある。その行為自体が辛すぎる、または表出を止められない場合は、感情の表出の防御にエネルギーを使わず、表出した感情や傷を、どう自分の中に収めていけるかを、セラピストあるいはメンバーの力を借りて、やり取りしながらいたわっていく、プロセスを重視している[6)]。

1.2.2. インナーイメージドローイング自己表現法の構成

自己表現の場では、頭で考えるよりも、まず子どもの頃のように楽しんで表現する体験をしてほしいと願い、理論は前述に委ねる（詳細は1.1.、または巻末の文献を参照）。

大切なのは、どうしようもない辛さ、行き詰まりや無力感を感じている時に、固く凝り固まっている〈自分〉と〈悩み〉とを分離する[7)]ために、

・何でもいい、気持ちの向く方法で自己表現をしてみる（分離すると2者関係になり、ちょっと距離を置いて眺めてみることができる）。
・表現されたもの、イメージされたものとゆっくり対話をしてみる（あなたの中から発された表現には、未だあなたにもわからない固有のメッセージが込められている）。
・望ましいのは、その場にあなたにとって安心できる誰かに一緒にいてもらう（誰かが加わって3者関係になることで、あなたへのやりとりの相互作用が相乗的に増える）。

1.2.3. インナーイメージドローイング自己表現法の留意点

自己表現の前提として、自分の心と向き合うことで、いろんな気づきを授かり、活力を与えてくれる点が挙げられる。反面、意識と無意識が出てくる。誰でもいろんな感情があり、その中に大小はあれ、心の傷がある場合があり、ネガティブな気持ちにも触れやすくなる、という側面がある。そのため、以下の点を留意して行う。

・ワークの途中で気持ちが辛くなったり、体調が悪くなったりした場合

は、無理をせず、その場で中断する（悪いことではない、中断することの治癒力もある）。

・その場にいることが辛い場合は、グループを離れても構わないが、一人にならないように留意する。

・気持ちが落ち着いたら、「今の自分は、自分の心と向き合うのが辛かったんだな、向き合う時期ではなかったんだな」と、自分をいたわるよう声をかける（あなたが悪いのではない）。

・それでも何か残る場合は、あなたが信頼できる誰か（できればセラピスト）に話を聞いてもらう。

（実践ワーク）インナーイメージダイアローグ自己表現法　3アプローチ

各節末に、日々の生活の中で、一人でもグループでもできる表現ワークの3つのアプローチを紹介する。このワークは、画材などを使う表現ではなく、対面でもオンラインでも日常的にできるよう、イメージを使って対話をするダイアローグ表現法としてアレンジされている。

あなたが、自分のインナーイメージに触れ、掴み、かたちにするプロセスをガイドし、自分へ、他者へ、やさしい眼差しを向ける機会となるアプローチである。

●インナーイメージダイアローグ　アプローチ①　自分の感じに触れる

①スマホ（あるいはカメラ）だけ持って、行き先を決めずに散歩に出ます。

②目に入って来たものをひとつひとつ丁寧に時間をかけて認識してください。

③何か気になったもの、気に留めたもの、気に入ったものに、「なぜあなたのことが気になったんだろう？」と話しかけてみてください。そのものとしばらく対話してください。

④対話がこの辺でいいかなと思ったら写メを撮ります。

⑤帰ったら、誰かとその写メを共有して、話したことを伝えてください。
あるいは、一人の場合は、日記に書いてみましょう（主語は、自分）。
⑥話して（書いて）みて、どんな気持がしたでしょうか。

（村山ら，2004）[8]

2. 自己表現はエンパワメントになる

実践編（自由な自己表現と共有の場）

2.1. こころの表現教室“やまねこひろーば”

Z市にある、山の中腹から海の見えるアトリエで17年間にわたり実践してきた、インナーイメージドローイングによるこころの表現教室。子どもからおとなまで、今日のテーマ（形のないもの、形容詞、擬音、オノマトペ等）を提示し、毎回1時間ほど自由に表現を行った後、おやつを食べながらシェアリングと遊びの時間（シャボン玉、風船、なわ跳び、フラフープ等、おとなはお茶と語らい）を1セッションとしている。参加メンバーは、コミュニケーションや発達の問題、不登校に悩むお子さんと親御さん、自身の生き方に悩む方、シンプルに絵が好きな方など多様で、2歳～70歳代と幅広い。メンバーの作品を壁や棚に展示し、新しいメンバーも「こんなことをするんだな」と見て楽しさを感じてもらう、箱庭のように粘土作品を持ち寄って並べたり、何から描いたらいいかわからないメンバーには、個別にインストラクションを行う。インストラクターは臨床心理士が2～3名一緒に表現をしながら関与している。

ここでは、参加メンバーにどのような心理面・行動面に変容が生じたかを、3名の参加者と保護者へのインタビューを用いて考察した[9]。

インタビューの質問

1. “やまねこひろーば”で絵を描いている時、お話会で気づいたこと、描いた後の気持ちはどんな感じですか？

2. あなたの中で、"やまねこひろーば"での自己表現を通して、変化したと感じることはありますか？
3. あなたにとって"やまねこひろーば"は、どんなところでしょうか？

(Aちゃん)　初回参加時8歳、インタビュー時16歳。幼少時から自分の世界にこもり熱中する様子を心配した母親Bさんが、交流と表現の練習にと連れて来られた。Aちゃんには2つのテーマ「家」と「動物園」があり、Aちゃんの中の「安心」と「好き」の表現が何度も反復して描かれた。参加当初は、線も細くたどたどしい印象だったが、回数を重ねるうちに雰囲気に慣れ、自由で色彩豊かにダイナミックに変化した。

1. 描くことが好き。描き出すまでは時間かかったけど、描き出すと楽しく描けた。ちょっと難しいテーマもあったけど、インストラクターにアドバイスもらって描けた。(Bさん)：ここはダメと言われないから安心なようだ。
2. カラフルな色が好きになった。中学・高校の美術の先生に、色使いをほめられた。
3. 絵が描けて、楽しいところだった。良い絵が描けた、好きなものが気に入ったように描けるとうれしい。(Bさん)：褒められることが自信になったと思う。

Bさんはコミュニケーションが苦手なAちゃんの将来を考え、様々な日常の場面に応じて周囲に適応できるようAちゃんに接して来られた。Aちゃんにとってやまねこがよかったのは、ダメだと言われない、褒められる体験として、伸びやかに自己表現ができる場所を得て、自信を持てたことであった。Bさん自身もやまねこでの表現を楽しみ、次第にAちゃんが熱中できる絵やピアノなど芸術面を伸ばすよう、導いて行かれた。現在、Aちゃんは社会人となって仕事をしながら、表現活動を続けている。

ギャラリー　2.1. 子どもとおとなのこころの表現教室“やまねこひろーば”

No.01　みんなでお絵描き　“好きなもの”

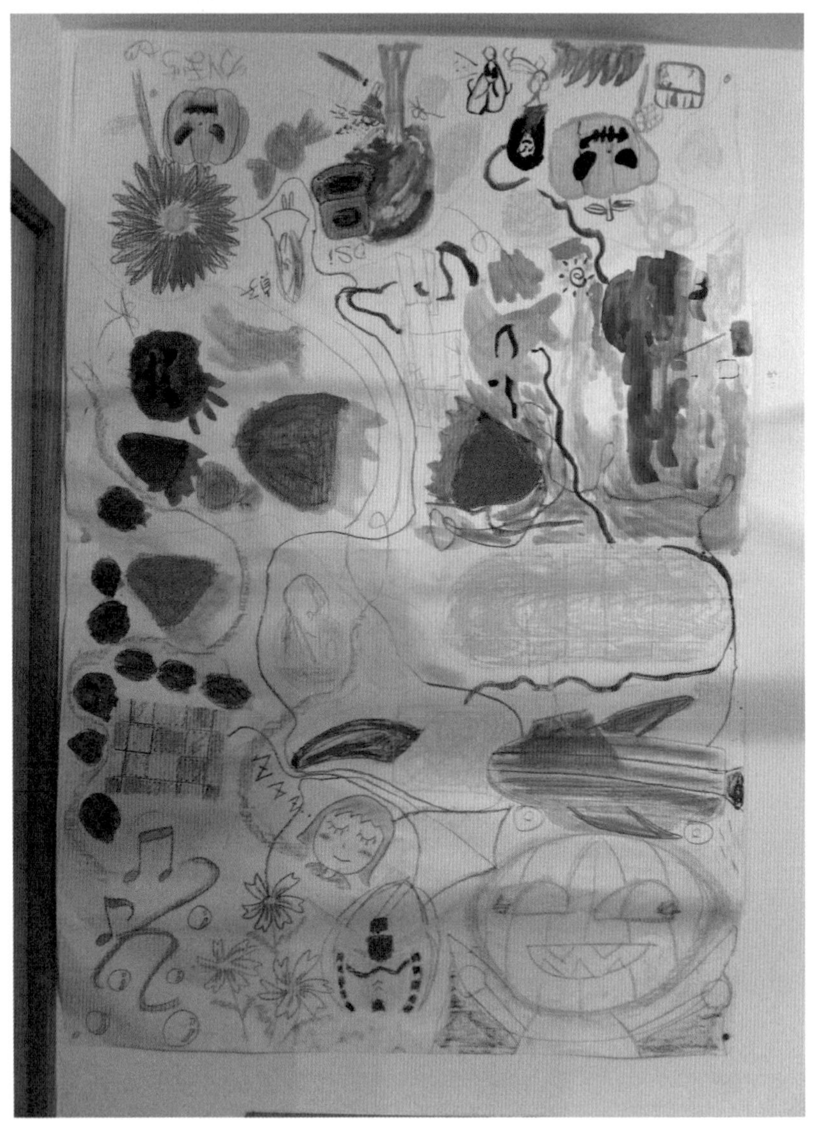

No.02 「動物園シリーズ」(Aちゃん)

No.03 「(無題)」(Cくん)

No.04　「心の窓」（Eちゃん）

No.05　やまねこひろーばの風景

No.06　インスタレーション（にじみ絵）

No.07 外遊び（シャボン玉）

(Cくん)　初回参加時3歳、インタビュー時13歳。母親Dさんが、一人っ子で一人遊びが多いCくんのコミュニケーションが広がればと教室に一緒に参加。3歳のCくんは、最初は何を描いていいか戸惑いもあり、大きな画用紙の隅っこに小さく色を塗っていたが、Dさんや他メンバーが画用紙いっぱいに描いているのを見て、次第にどんどん自由にカラフルに、躍動感のある絵に変化した。興味深いのは、大人には抽象画にしか見えない作品に、シェアリングではとても不思議な世界の物語が語られ、Cくんの内的世界の豊かさが表現された。

1. なにも考えなくて絵に集中出来て、みんなで描くことで、違う絵を描いているのに一体感になったようでした。一人で描くより達成感やみんなで喜べるところが好きです。
2. 毎回通えることがうれしいです。「今日のテーマはなんだろう」、「なにかこうかな」と悩んでいる時が一番楽しかったです。人前で発表するのが得意になったり、友達を作るのがうまくなりました。
3. やまねこは何でも好きにしていいところ。(Dさん)：ここではCの妄想が広がって、絵の話を聞くと壮大な物語があるのに驚きます。

Cくんは表現を通して、元々Cくんの中にあった豊かな表現欲求を外に向けて発信することができるようになり、自分らしいコミュニケーション力を培っていった。高校時代は演劇部で身体表現とシナリオ執筆などに打ち込み、大学は心理系学部に進学。現在は、心理と芸術の間で卒後の進路を模索中である。

(Eちゃん)　初回参加時10歳、インタビュー時18歳。Eちゃんが学校場面で話せないことを父親のFさんが心配し、自己表現の練習にやまねこに誘って一緒に参加した。

1. 描いている時は、とにかく絵を描くことに集中して、見たことない画材を使うことが楽しかったです。描いた後は、自分の絵の発表に向けて若干緊張していたような気がします。同じテーマなのに、いろいろな表現の仕方があって面白かったです。
2. だんだん自分の作品について、または自分自身のことについて誰かに話すのが苦にならなくなってきた感覚がありました。

3. なかなか自分らしく過ごすことができなかった中で、家以外でありのままでいられた貴重な場所です。当時は、学校に行きづらかったというほどではないけど、学校で喋れないこと、このままでいいのかと葛藤していた時期。結局、学校では話すことはできなかったけど、人前で話すことへの苦手意識が少なくなりました。(Fさん) ちょうど昨日Eと、やまねこの想い出話をしていたところでした。黄色い家、お菓子じゃんけん、シャボン玉、絵を描いたり、描かなかったり、ぼーっとしたり、楽しいお友だちと先生たち。いつもワクワクしながら坂を登る土曜日の午後のことを思い出すだけで楽しくなります。Eのことを今思えば、先走りしすぎ、ゆっくり成長を信じて待つことができなかった私を、やまねこの皆さんがいつも温かく励ましてくださり、助けられました。

Eちゃんは、学校で話せないという困りごとが、表現を重ねるうちに、誰かに話すのが苦にならなくなった、苦手意識が少なくなったと変化した。外からは変わらないように見えても、Eちゃんの中の心性は、自分らしくいられればいい、というように変化した。中学校・高校と演劇に打ち込み、台詞と身体という型を通して、外に向けて自己表現する術を獲得した。

子どもは自分の感じを言語化することは難しく、非言語の芸術表現やプレイセラピーが心理療法の主軸となる。今回改めて時間を経たメンバーとの対話の中で共通していたのは、いま目の前に作品や写真はなくても、当時の作品や風景が有り有りと想起できること、それをお互いに一緒に眺めているかのように共有できることが、イメージ表現の超越性であり、イメージによる対話の可能性である。今回、10歳のEちゃんの困りごと、行き詰まった感じを振り返ると同時に、「やっていけるよ」、「大丈夫だよ」という非言語の表現を通した周りからの励ましによって、希望ある未来を思い描き、自分の力を確信できたことが、危機を乗り越える原動力となった。それは、未来であったはずの18歳のEちゃんの現在が証明している。

・・・点描①・・・　やまねこを開いていた日々、アトリエを開ける時間を寝過ごして、子どもたちのガヤガヤお喋りが坂を上がってくる声に慌てて起きて、ギリギリ綱渡り。でも一旦始まると、そこには時間を逆回しにしたような、ゆったりとした時空間が突然現れる。何ものにも見えない抽象的な色とかたち、粘土のかけらを思いのままに並べる擬似箱庭、他愛のないお喋りのひとつひとつの中に、何が込められているのだろう？　ちょいちょい尋ねながら、心の中の模様や物語を垣間見る。子どもたちのイメージ界は、遠く私の想像にも及ばない宇宙が広がり、へえーという驚きとともに心のOSがアップデートされる。その情景を共有する一体感がどんどん現実世界に降りて来るライブに、いつも臨場させてもらった。

答え 2-1：表現が，自由に行われること，評価や制限をされないこと，誰かと一緒に行うことが，安心と充足を生む。

2.2. 芸術表現活動“あいあいエクスプリモ”

Y市にあるX障害福祉サービス事業所で10数年実践している芸術表現活動“あいあいエクスプリモ”（以下、プリモ）は、事業所に通所している知的障害を持つメンバーと隔週約2時間、インナーイメージドローイングを元に、今日のテーマ（季節の行事、生き物・自然、図形、オノマトペ、など）を提示し、毎回参加者15名前後で自由に表現を行う活動である。毎年Y市主催の絵画展への出品や、年1回の事業所のお祭りでメンバーの作品をプリントした服を身に纏ったファッションショー等を行なった。活動参加による日常生活の変化等について、参加メンバー6名（21歳〜48歳）と保護者、支援員3名へインタビューを行った。なお、言葉での会話が難しいメンバーは、保護者と支援員への聞き取りと、インストラクターの所感を記述した。

(Gさん)：絵を家に持って帰り、家族に見せ、飾ってとてもうれしそう。市役所に張り出された絵を何度も見に行って喜んでいます（保護者）。
(Hさん)：絵を描いてきたよと本人から話し、のびのびと穏やかな気分で描いているのがわかります（保護者）。いろんな食べ物の丸を描いて「これ何と思う？」とニコニコ聞いて来る（インストラクター）。
(Iさん)：絵が何かの製品になるのは本人も家族もとてもうれしい（保護者）。描くことが楽しいのと、見て欲しい、褒めて欲しいが半々、気持ちを作品の裏に文字で書いて見せてくれます（支援員）。
(Jさん)：絵を描くよと言うと姿勢が変わる。変化や新しいものが苦手だが、これまでと違う絵にも積極的に取り組めることが驚き。描いている時は本当に笑顔がよく出る（支援員）。
(Kさん)：画用紙からはみ出すダイナミックな絵を描く。描くのが楽しいことを全身で表現する。初めての素材や大きさの場面でも迷いがなく、思い切り自信に溢れている（支援員）。
(Lさん)：気分屋で描かないと言う時は、画用紙とパレットに絵の具を全色出して置いていると、いつの間にか創作して「描いてやったよ」と言わんばかりにニコニコしている（インストラクター）。
(Mさん、**支援員**)：黙々と描いたり、精一杯悩みながら描いたり、完成した絵を褒められるととても喜んでいる。クレヨンや絵の具を自由に使うことが好きで、創作の時間をとても穏やかに過ごしている。テーマに沿って描くことが難しいメンバーも、好きな色で好きなものを自由に描き、絵を「見てください」と来る時は達成感に溢れている。
(Nさん、**支援員**)：以前より出来ることが増えて、何を描くか、何の画材を使

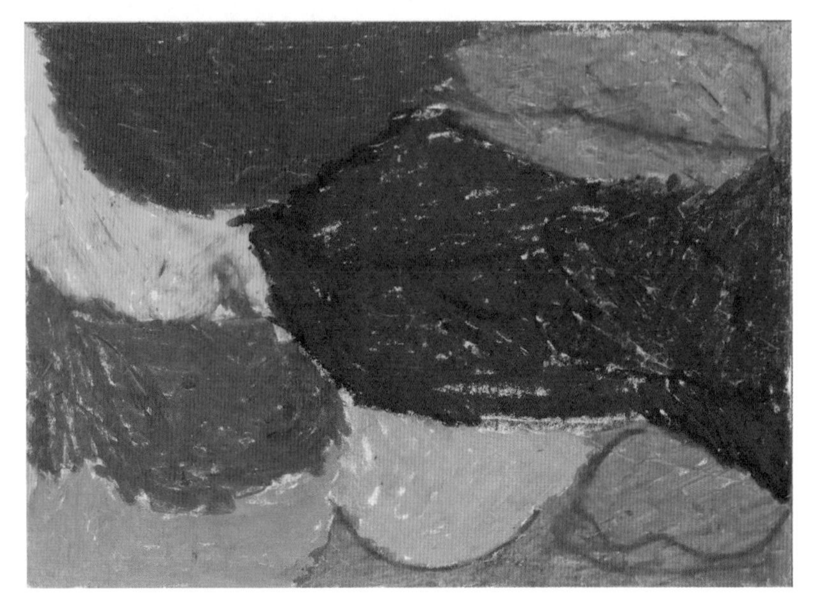

No.08 「虹」(Gさん)

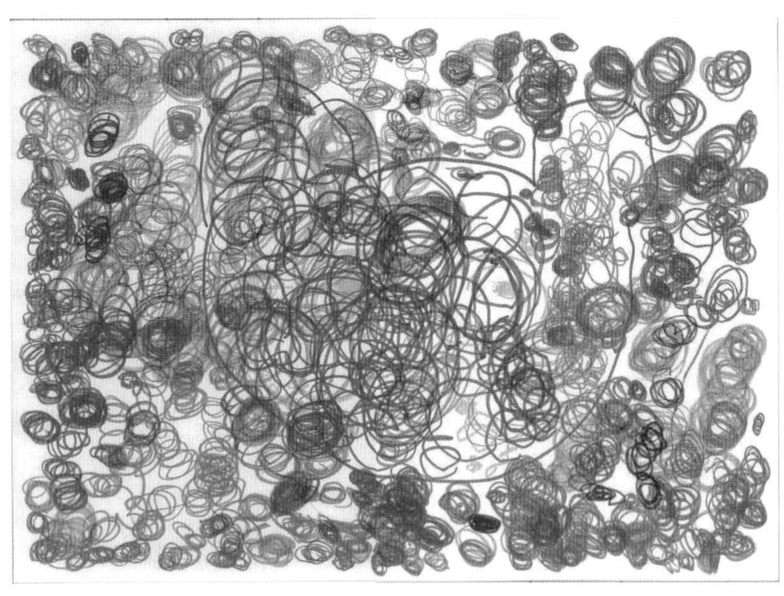

No.09 「いちご　ときどき　もも」(Hさん)

No.10 「あめいやね　そうね」(Iさん)

No.11 「パチパチ」(Jさん)

No.12 「ピンク」(Kさん)

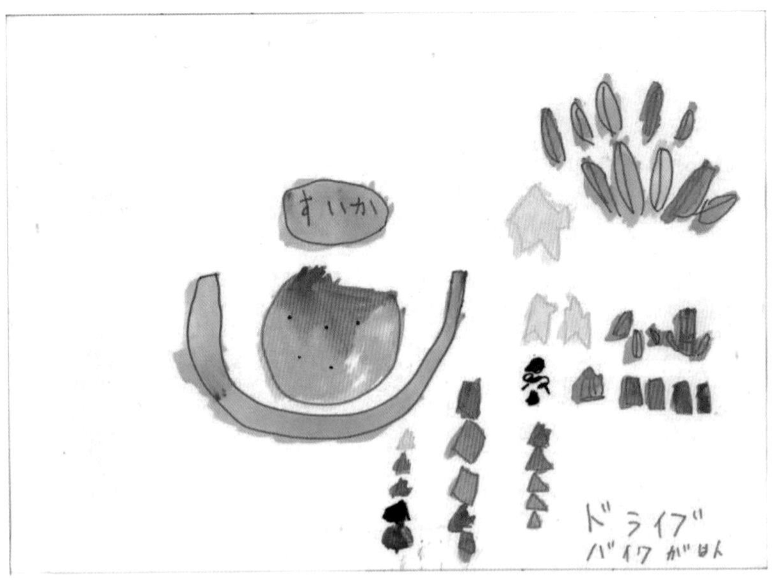

No.14 「すいか」(Lさん)

No.14　みんなで一緒に表現されたもの

用するか、お手本を選ぶ時から楽しそう。描いている途中も、完成して「みて」と言う時も、みんな笑顔である。

(Oさん、支援員)：作品をメンバー同士で見せ合ったり、褒め合ったりと、絵を通したたくさんの触れ合う機会、お互いのやり取りが絵を描く楽しさを大きくしている。インストラクターが来ることが創作の動機付けになっており、来る前からワクワクして、その気持ちのまま絵を描いて、褒められる、自由に描いていい、その喜びが表現されている。新しいものに挑戦して描くときなどは支援員の方が心配だったが、満面の笑みで創作している。やってみなければわからなかった、そういう新しい機会を得て、メンバーの可能性を引き出せた。

・・・点描②・・・　プリモに通っていた日々。私自身が疲弊し、ゆとりのない日もあった。ある日、いつものようにバタバタと息を切らせプリモに着くと、毎回参加してくれているHさんが、好きな苺の絵を描きながら、「先生、昨日の夜は何食べたと？」とルーティンの質問をしてくれる。「昨日の夜はね……」答えが思い出せない。困っていると「食べたっちゃろ？」……「美味しかったっちゃろ？」……「先生は、銀杏が好き、モツが嫌い。」一度言った食べ物の

No.15 「できました　みて」

No.16　一緒に創ると相互作用が生まれ

No.17　お祭りのファッションショー

No.18　プロモーションＶＴＲ撮

好みをずっと覚えていてくれる。そして、じーっと顔を覗き込んで「先生は今日疲れとるっちゃろ？」と言ってくれる。うん……と答えるのが精一杯で泣き笑い。今日の絵を見ながら、「Ｈさんは、苺が好き。」と返すと、ぷーっと笑って「今日は桃っちゃんね」と来た。確かに両方赤くて丸い。そんな時間をゆったり過ごし、帰る頃には私はめいっぱいチャージされている。

問い 2-2　　答え 2-2：表現を誰かに見せる，褒めてもらえる，
魂の歓びが溢れ出て，周りのみんなを元気にする。

●インナーイメージダイアローグ　アプローチ② 自分の感じをつかむ

①あなたの中にある今の感じを、ゆっくり時間をかけてイメージしてみてください（イメージがなかなかできない時は、オノマトペにしてみると良いかもしれません）。

②浮かんできたイメージを、メンバーに言葉で伝えます（例えば、色、形、似た風景、○○な感じなど伝わりやすいように）。

③他のメンバーは、表現者のイメージにより近づき、共有できる（まるで同じ絵を眺めている）よう、詳細について「○○ですか？　△△ですか？」と質問をしてください。

(sharing)

④表現者もメンバーも、イメージが共有できたかなと感じたら、表現者はそのイメージについての自分の感じを話します。

⑤メンバーは、表現者の話を聞いて自分が感じたこと、表現者がもっと良くなる状態に近づけるように自分ができることをフィードバックします。

(option)

⑥みんなの話とフィードバックができたら、それぞれ自分がこのセッションで思ったこと、イメージの受け取り方や表現の感じの違いについて、共有してください。　（村山ら、2014）[10)]

3. 自己表現は関係性を温める

実践編（ピアサポート・グループ）

3.1. 自己表現ワークショップ

本実践は、これまでの2つと異なり、同じ立場同士による相互的な支援（＝ピアサポート）に目的が置かれている。参加メンバーは一定の訓練を受けた支援者でもあり、お互いが支援者・被支援者の視点を持つ特徴がある。

関東地区の総合大学W大学における学生ピアサポート活動の中で実施した、2つの自己表現ワークショップ（全てオンライン）の表現されたものと語りから、表現による相互作用を考察する。このワークショップは、インナーイメージドローイング自己表現法を大学の教育カリキュラムにアレンジしたもので、仲間同士の相互作用をピアサポートに生かすグループアプローチを基にしている[11)]。

W大学の大学公認機関のピアサポートルームは、約150名の認定ピアサポーター（2022年3月末現在）、7名のスタッフが学内に相互扶助を広げるアウトリーチ活動を行なっている。

3.1.1. 振り返り＆スタートアップの会（研修）

⦿イメージを表現しよう　テーマ「心地よい感じ」　参加者：ピアサポーター17名

この研修は、年2回、新規ピアサポーター認定の後、活動に参加しやすくなることを目的に、各チームの活動紹介と振り返り、しばらく活動から離れているピアサポーターにも声かけを行い、新たな活動の契機となるよう、メンバー同士の交流、スタートアップなど、楽しめる会を心がけている。参加者をランダムに4～5人の4グループに分けて実施した。

［表現ワークと語り］

（Pさん）午後5時30分

だいぶ遠くの祖父母の家。今はもうなくなったノスタルジックな感じの家に振り子の時計があって、ボーンと音が鳴る。浮かんできたのが午後5時30分のボーンという音。中央のマンダラは、ちょうど仏教哲学に関心が強かったので。不思議な世界の、昔と今が融合した感じ。心地よさに浸るというテーマから連想したのが懐かしさ、小学生くらいの夏休みの思い出。

（Qさん）ほんわか

ファシリテーターが示した言葉の中から、「ほんわか」というのがぴったり

Pさん

Qさん

Winnie the Pooh:© Disney., © 1988 Studio Ghibli.

来た。色のイメージがピンクとオレンジの混ざった感じで、安心感があるなあといつも感じていて、ほんわかと繋がった感じ。あと、パステルのようなほわっとした感じがフィットすると思って、そういうイラストを探した。ふわふわ、とイラスト、が自分の感じの表現にとって大切だった。

(Rさん) ぼーっと水を見る。

（↓写真は本人撮影）

Rさん

ぼーっと水を見る。（写真は地元の川。）

Sさん

心地よさ、と聞いてオノマトペが浮かんだ。家の近くにある地元の川の写真。散歩してるとぼーっとしてたりする。ぼーっとから連想したかも。川の音がうるさいんだけど、飽きない。水を見ている。水面の波の様子が面白い。何も考えないで見ている。自分は、よく見る（観る、視る）ことが好き。幻視、凝視？　じっと見ているとそのものの本質が見えないかなと。

（Sさん）スッキリ

心地よい感じということで、バラバラなものを整理された形にまとめられたときに、とてもスッキリして心地よいと感じる、みたいなイメージだった気がする。

［シェアリング］

・他のメンバーは、景色、空とか、抽象的な写真を使っている人が多かった。自分にはそういう発想はなかった。自分は内側、内界をイメージしたので、外向きのものは連想しなかった。その違いが新鮮だった。
・私は、心が落ち着くのは手で作り出されたもの、人の手、温かさのイメージがある。みんなが自然の写真を貼っていて、その心地良さの話を聞いたら、そうかーと共感できて。このワークショップに限らず、お互いの意見を肯定できる環境っていうのが大事だと感じた。
・自分ともう一人水関係の人がいて、共感し合った。川はいいね、水いいよね、川があると何も考えず上流に向かって歩き出す、あーわかるー（笑）。延々と川沿いを遡ることに共感してもらえた。どこまで行っても大丈夫な感じ。その場面の心地よさが思い返された。
・心地よさと聞いて、いろんな感覚の人がいた、自分は視覚中心。人それぞれ優先するものが違う、音楽とか、食べ物とか、それが知れたし面白かった。
・ワーク自体の感想として、みんな結構自然の画像を持ってきているので、やはり何か自然にはそういう、感性に訴求する力があるのかなと思った。

3.1.2. イベントデモンストレーション

⦿イメージを表現しよう　テーマ：「なぜ自分を演じてしまうのか」　参加者：ピアサポーター4名

テーマに沿って議論するピアサポートルームのイベントで、「ここでは何を言ってもいい、自分の体験に即して話す」などのグラウンドルールを元に、様々な「問い」を立てて議論する。その中で、「問いをどのように表現できるか、絵などでも可能か」、「物語、表現によるコミュニケーションは可能か」などの新たな表現手段の試みから、非言語表現の可能性に向けて、チーム内で表現ワークショップのデモンストレーションを行なった。

[表現ワークと語り] ＋三行詩を作成

(aさん) 日常生活の中でいろんな自分がいる。大学、勉強、部活、ピアサポーター、家、予定リストを消す。いろんなお面があって、今日はこれだからこれ被ろう、みたいな感じ。結構色々持ってるんだなあと実感。三行詩:「今日はどれだっけ　ああこれだ　はいどうぞ」

(bさん) 結構中学校くらいから、人からよく思われたいとその場に合った役割キャラを作ってきたような。やればそこそこできる、だけど本当は無理してる自分もいて疲れたり。ほんとの自分はなに？　どれ？　これでいいのかなと考えてしまったり。でもそれも含めて自分？三行詩:「ほんとの自分じゃないけどよく見せたい　ほんとの自分を見せたいけど、見せられない　演じている自分も含めてほんとの自分なのかな…」

(cさん) この時は旅行中で、デカルトの詩を思い出した。観客席にいて見ていたけど、これからは自分の番で舞台に上がる、という内容。旅先で選んだ絵。ちょうど論文やバイト先の揉め事があって、赤・黒のイメージだった。就活もやさぐれていて、仮面を被って演じることが窮屈で。その感じをいろんな作品を混ぜて組み合わせられたのが楽しい。現代音楽、浮世絵、舞台、海は青。本来は青でいたいけど、赤・黒（＝葛藤）に囲まれて、身動きが取れない感じ。三行詩:「いろんな仮面をかぶった役者が　舞台に上っては消えていく　そんな喜劇を眺めながら　歩んでいくのさ（4行になったwww)」

[シェアリング]

・最初にシートに顔の下書きがあったので、そのまま思い付く顔を描いた。普段は絵で表現しようと思わないし、そんな機会もないので頭で考えてしまう、言葉で考えてからそれを絵にしてみよう、みたいな。

aさん

bさん

cさん

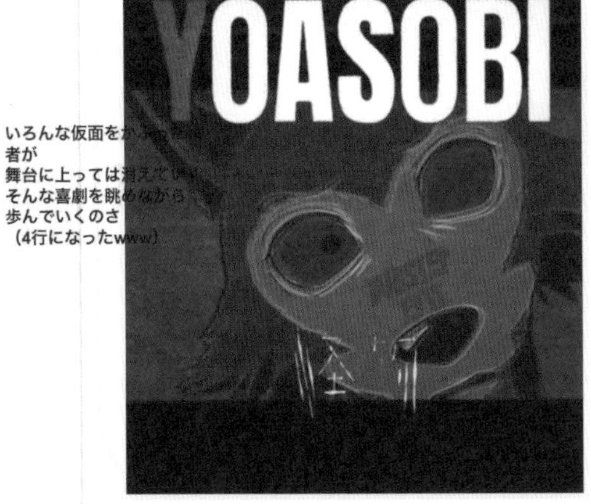

いろんな仮面をかぶった
者が
舞台に上っては消えてい
そんな喜劇を眺めながら
歩んでいくのさ
（4行になったwww）

言葉が先に有りきになっている。感情とか絵で描くのは難しい。

・同じく最初のシートを見て、自分が演じているいろんな面を描いた。もやっとしてるけど頑張ってしまう自分、ほんとの自分ってなんだろう、どれだろう？　という思いが先にあって、イメージというよりもそのままを表現してみた感じ。

・結構この時の自分の気持ちをちゃんと表現できたかなと、満足。色はもう少しどうかできたような気がするけど、楽しく表現できた。

大学におけるピアサポート・グループに表現を導入した実践の特長を幾つか記述する。

（ゆるみの共有）　表現ワークでは、最初はどうしたらいいか戸惑いがあるが、やってみたら意外とすーっと描けたと言う感想も多く、頭で考える以前に、表現が自ずと立ち顕れた印象がある。物語る時、シェアの時、皆のはにかんだ笑いに、表現特有のゆるみが現れていた。

（退行・熱中への誘引）　大学生に向けたアート表現は、大小の差はあれ退行を促す。Pさん・Rさんの懐かしい写真は、幼い自分や故郷を想起させ、退行した自己との心地よい対話となっている。①グループシェアリングでは、各メンバーの表現に対し、「違いが新鮮」、「お互いの意見を肯定できる」、「共感し合った」、「いろんな感覚の人がいることを知れて面白かった」、というように、表現やイメージを媒介としたメンバーとの共感が生じた。

（オンラインの自然的抑制）　本ワークはオンラインで行ったため、デジタル描画ツールの不慣れや機能の制限などから、思い通りに描けない不自由さがあった。そのことが逆に、なるがまま感やヘタウマ感など、上手く描くことが目的でない主旨を助長した。拙い表現は、気恥ずかしさもありつつ、素の表現の安心感が場を和ませたり、その人の新たな面が見られたりと、多様な相互作用を生んだ。

（自己開示への緩衝）　芸術表現が意図しない感情を表出する点について、①グループのQさん、Rさんが自身の内的世界について触れながらも、先ずはイメージを用いて表現するという過程によって、直接具体的な内容に入りすぎることなく、表現が緩衝材となり、後の語りによって自分の心と参照[11]し、整える機会を生んでいた。

(切断の重要性)　②グループでは、「なぜ自分を演じてしまうのか」という問いが、大学生にとって青年期のアイデンティティ構築、自分らしさの模索・生き方のテーマと合致し、自己とメンバー相互に気づきや理解が深まっている。その人のなるがままの表現は、学生相談における「安全な外界からの避難所（サイコリトリート）」[12]や、壺イメージ療法[13]の引用にある「イメージは意志の力によるものではない（中略）、日常の意識から離れることによって発現しやすくなる」[14]というように、切断された安全な環境で行うことによって、内界への体験が深まることが示されている。また、2つの実践のいずれも、言葉とは別に、場の根底に流れる温かな、相互支持的な雰囲気が生じており、その基となるのは、仲間を思い遣るピア・リファレンス[15]の姿勢である（詳細は第5節で補足する）。

・・・点描③・・・　グループ後のインタビュー、みんな日頃の活動で見せるてきぱきサポーターとは全く違うゆるモード。なんかねーとか、そういうのとか、とても曖昧で、言葉少なで沈黙してお互い頷く場面の間も、なぜか笑顔。言葉にならない、でも共有できているという確信は不思議に温かい。ある学生の言葉、「芸術をやっている人は自分の輪郭が明確な気がする」。素描するからかな？　ゴッホが言ってたような。エビデンスはない、でも確かにある。「そういうの、憧れる」。青年期の大学生がいちばん欲しいものが芸術表現には潜んでいるらしい。

●インナーイメージダイアローグ　アプローチ③ 自分の感じをかたちにする

①手元にある絵葉書や雑誌（対面の場合）、あるいはウェブサイトの素材集（オンラインの場合）から、好きなもの、気になったもの，心にフィットしたものを数点選びます。

②選んだ絵や写真に、何でもいいです，主人公になるアイコンを置いてください（対面の場合は，付箋紙やクリップなど身近にあるもの、オンラインの場合は図形・スタンプなど）。

③その主人公に吹き出しをつけ、話したいと思う台詞や物語を書いてください。

④できたら、一人ずつ順番に絵を見せながら、メンバーにお話をしてください（主語は，主人公）。

一人の場合は、身の回りにあるもの（ぬいぐるみやカップなど）をメンバーとして話してください。

⑤メンバーは話が終わったら、主人公の気持ちになって、主人公がもっと良くなるようにと願って、質問や感想をフィードバックしてください。一人の場合は、あなたがメンバー役を行います。

⑥シェアリングやフィードバックを受けて、思ったこと、感じたこと、なんでも結構です、今の感じを話してください。全員お話が回るまで続けます。

（村山ら，2004）[8)]

3つのインナーイメージダイアローグのワークを経て、今のあなたはどんな感じだろうか。少しでもあなたの心の中にある形や言葉にならないものを外に連れ出し、やさしく温かく接してあげられただろうか。同じように、メンバーの表現にも、温かなストロークを返してあげられただろうか。

このワークは、ニーズや場面に沿って、画材があればドローイングでも、写真やイラストなどの素材でも、イメージを共有するダイアローグでも、やり易いようにアレンジして欲しい。基本姿勢を守り、心の感じに触れる手法として、日々の中に取り入れて頂けたらと思う。

一方で、既にがんじがらめになって、長く固く凝り固まった心をゆるめることは、1回のワークではおそらくできない。何度も重ねて少しずつ解かしてゆく時間が必要である。もし、あなたが自分の心の中に解き放ってあげたい何かを感じていたら、セラピストと対話してみるのもいいかもしれない。その出会いも、つながりである。

4. 芸術表現が主体的自己感覚を呼び醒す
実践編（セラピー）

4.1. 芸術表現療法を対話で行う事例から

V大学の学生相談事例において、芸術表現療法のイメージされたものを用いた対話[16]によって、辛く行き詰まった状態が動く契機となった過程と、インナーイメージダイアローグの働きを検討する（以下、「　」はクライエント、〈　〉はセラピストの言葉）。

［**事例の概要**］dさん、大学4年生。主訴は自傷行為が止められない。dさんは、人と比べて劣っていることが許せず、イライラして沸点が上がった時に自分を殴ってしまう。特に酷かったのは受験と就職活動の時で、今も止められない。また、小さい頃からコミュニケーションへのコンプレックスを抱えていた。しかし、話を聞いてみると、サークル、接客のアルバイト、数は少ないが親友もおり、dさんの自己像の偏りであると思われた。「自分を認められない、理由がわからないが、（自傷が）悪化してて止められそうにない」と訴える。辛そうなdさんに〈出来ていること〉を尋ねると、「演劇サークルで舞台装置を作っている、役者は自己解放してて生き生きしていると思う、自分は役者はできないと思っていたが今は興味がある」、「ブログや文章を書くのは好きで自信持っているけど、コミュ力の帳消しにはならない」と自分に厳しい。

数回後、「バイト先でイライラが1回あったが人目があり自傷は抑えられた。前日に就活で上の候補2つ続けて落ちて、自分はダメだと落ち込んでいた。就活は精一杯やったけど結果が出ない、受け入れるしかない。理想の姿にたどり着けない、こうあるべき像が壊れた」。ここがdさんの本当に辛い行き詰まりであると感じた。

[**変容が起こった契機**]　セラピストは、演劇・役者・舞台装置という言葉から、スポットライトの当たる舞台にdさんが立っている情景を共有してみた。〈dさんは本当は舞台俳優がやりたかった？　自分らしい仕事の舞台ってどんな感じ？〉「第1志望は総合デベロッパー。オフィスがきれいでキラキラしていて給料が高い。高校まで部活で教室のデザイン、文化祭の演劇のセットとかやって、ワクワクするような空間や商業施設を作りたい」。セラピストはイルミネーションが輝く広大な商業施設を思い浮かべ、情景を言語化して伝えてみた。〈それは楽しい。クリエイティブな人なんだね〉「自分ではそう思ったことはない。比較する癖」、「そういえば、アイデアコンテストで上位に入れた経験があった」と創造的なエピソードが話された。〈その舞台で働くdさんはどんなイメージ？〉「総合デベロッパーは舞台女優。圧倒的な個性があって輝く存在。自分には向いていない」、「得意なことの方で楽な企業を受けて内定をもらった。一次産業のプラットフォームを作る。キラキラはしていないけどいい会社」という話から、セラピストの中には今度は緑が広がる山間の農村の風景が浮かび、〈それもクリエイティブで素晴らしい仕事、dさんに合っているよう〉と伝えた。「そうかもしれません。得意とは違う、好きなことをやりたい」、「明確に何かに失敗した人生初めての体験。これまでは挑戦も失敗もしなかった。自分に素直に生きたいと思った」。

数回後、dさんは就活を再開し、「内定が決まった、仕事の内容は同じで、社内事業立ち上げ制度が充実している」と、うれしそうだった。「この数週間は情緒不安定になることも、プレッシャーもイライラも多かったが、自分に当たることはなく、ぐっと抑えられた。ポンと沸点に上がらずに、緩やかにしようと意識してやれた。向き合ってる現実だけでなく、自信を持ってできていることに目を向けるようにして、コツが掴めた」とのことだった。自傷が落ち着くと、次第に対人関係への考え方も、「高校までは人と合う会話を見つける能力がゼロだったが、自分が閉じていただけかも。本当に気の合う人はなかなかいない」、「演劇の練習も人と会ってストレスが発散できる場所だった、無理をしたと言うより、よかったのかも」と自分へのいたわりに変化し、「自分でやってみます」と、内側から溢れる自信の表情で答え、終結した。

この面接の背景にはずっと、スポットライトの当たる舞台が出現していた。自分を舞台俳優になぞらえ、キラキラの舞台、ワクワクする商業施設は合っていないと自分に言い聞かせていた。dさんは最初の内定先を「好きよりも得意な方が楽」と不本意に感じていたが、その後の就活の失敗によって、「本当は地道な仕事が好き、それができている自分」を想起することで、「得意ではなく好きなことを優先する」ようシフトし、もっと自分らしく仕事ができる企業に出会えた。dさんにとっての輝く舞台はここで間違いないと自分で確信した。

本事例では、頭の中にあるイメージを表現されたものとして、対話でクライエント―セラピスト―表現されたものが3者関係となるインナーイメージダイアローグを用いた。心理面接では、セラピストがクライエントの様子から想像を巡らし、非言語の情報を読み取ることは定石であるが、ここでは、セラピストの中に浮かんだイメージをそのままクライエントに伝え、共有する。セラピストのイメージと、クライエントが想起している情景とが、最初からぴったりと重なることは難しい。「ちょっと違う」と訂正されたり、「こんな感じですか？」と修正しながら近づけていく。視覚表現を用いず、クライエントのインナーイメージを具現化するためには、一緒に何かを創る、一緒の風景を眺める、一緒の場所を感じる、という共有感覚を持つための対話が必須となる。

・・・点描④・・・　最終回のdさんの表情が忘れられない。人は自信を持てるとこんなにも美しく輝くのだ、その瞬間に出会えた。「好きなものを好きだと言う、怖くて仕方ないけど　本当の自分　出会えた気がしたんだ」(群青/

YOASOBI)。あなたを理解したい、あなたが良くなるようにと願うイメージの対話が、dさんを本来あるべき場所へ自然と運んでゆく。この「創造性という名の治癒力」は普段の生活の中にも生まれる。自分の主体的な感覚に焦点を当て、対話し、よりよい自分になるイメージの創造性が、あなたらしい生き方につながってゆく。

5. 芸術表現の本質と、その先につながるもの

“なぜ人は芸術に活力されるのか”への答えを探して

ここで、本章における精神疾患者への立場を明確にしておきたい。本章に示した実践の参加者、心理療法のクライエントは、みな精神疾患（診断がある）者ではない。しかし、何かしらの要因によって、本来の自分、なるがままの自分から少し逸れてしまった状態、本来の姿が障害されている、あるいは見失っている状態をその人自身の危機と位置付けるならば、芸術表現は不安症状、不登校、不適応状況、自閉傾向、発達障害傾向（知的を含む）、自傷状態など、多様な危機や困難な状況にある人が「我に帰る」[7]ための治療的アプローチと言える。

元来、芸術表現療法は精神疾患の治療に用いられるが、本章の実践では精神疾患診断の有無には重きを置いていない。現代の精神医療の現場では、困難に直面した人たちの話をじっくり聞く対話による治療法や、精神治療と身体の垣根を超えた全人的治療の必要性が謳われている。精神疾患や障害もその人の一部であり、自分を感じ、表現することで、根源から自己への確かさを信じることが、いま少し逸れている状態を自ずと軌道修正し、前へ生きることを後押しする[17]のである。芸術表現療法が他の心理療法と決定的に異なる点は、病気の治療や障害の治癒という概念ではなく、最終的に自己への信頼に到達することだけを目指している点である、と言えるかもしれない。

今回、本章の執筆にあたり、これまでの自己表現を軸とした心理療法と表現活動を振り返る機会を頂いた。その過程で、表現の持つ治癒性の本質への問いに対して導かれた、新たな確信の出会いや、つながりや閃きを頂いた視点をいくつか紹介する。

初めに、第3節のピアサポート・グループ実践に記した、「ピア・リファレンス」について補足する。前出[11]の自己参照は認知心理学の記憶研究に関する用語であり、詳細は参考文献他に委ねる。興味深いのは、（感情価処理の場合）他者参照は自己参照よりも劣るが、親密な他者であるほど自己参照のパフォーマンスに近づく点である。本実践の支持的ピアサポート・グループ過程では、仲間同士が自分ごとのように相手のことを考え、相手がより良くなるようにとフィードバックを行う。この親密な他者同士の位置は自己参照機能に近いことから、セルフ・リファレンスの仲間版との意味を込めて、仲間同士によるPCAGIP（Person Centered Approach Group Incident Process）をピア・リファレンスと呼称したという経緯がある。ピア・リファレンスによって本来あるべき姿や位置に自然に運ばれていく感じは、私の中では「御神輿」や「玉せせり」などのイメージに近く、目の前にあるようにイメージを共有していただけたらと願う。

次に、同3節の自分を演じるペルソナ論について、文化人類学の視点から、松村[18]は「自分の境界は曖昧で、いろんな役割を演じるというより、相手によっていろんな自分を引き出されている」と記している。この姿勢も、相手との相互作用によって自己の内面に新たな気づきが引き出されるセルフオフセンスやピア・リファレンスの立ち位置につながる。

一方で、福祉領域で出会った、フィンランド発祥の「未来語りの対話(Anticipation Dialogue)」[19)]の基礎理論の一つに「楽観性」がある。より良い未来の想起から、そのために自分と周りがやったことを遡り、現在との間を紡いでいく。辛く苦しい現実を未来から少し離れて眺めてみることで距離を取り、未来を信じる、その楽観性が肝要なのだと言う。この対話にはイメージが欠かせない。未来との対話を成し得るのは、より良い未来を願う感情とイメージのつながりによって起こる、自己の中の現在と未来の相互作用であり、イメージされたものがつなぐ感情の行き交いである。

最後に、パーソンセンタードセラピーの最新書『「深い関係性」がなぜ人を癒すのか』[20)]は、人間性中心の心理療法は最終的に「関係性」に尽きることを改めて提示している。セルフオフセンスの理論において、この「関係性」によって生じるエネルギーを概念化したものが相互作用線であり、関係性という曖昧で漠然とした周囲を何度もかたどることで輪郭が明確になり、自己と他者への信頼を増すことへの裏付けを頂いた、と感じている。

これらの多様な概念がたゆたう水面から、新たな「表現の治癒性」の本質を、私なりに5つのまとまりに寄せてみた。(1. **体感性**) 言語表現が困難な乳幼児と養育者が身体を使って通じ合う一体感と同様に、非言語の体感を通じた情緒的な癒しの関係性が根底にある、(2. **直感性**) 視覚やイメージによる表現は頭で考えるより、直に心に響くといった体感を伴う相互作用である、(3. **情緒的相補性**) そこには相手のことを大切に思う感情の行き交いが介在している、(4. **潜在的還帰**) 自己への信頼を確信するとは、「人間の潜在力を信頼する」[4)]という人間性心理学の基本の姿に帰ること、(5. **全体性**) 芸術表現療法の目指すものが、個々人にとっての全人的な人間性の回復であることの象徴でもあり、本来のあるべき姿に自然に運ばれて行くことは、表現を介した相互作用の仕業であること、を今は確信している。

本章に寄せて、神田橋先生は、セルフオフセンスに「忘我」、「熱中」という2つの日本語訳のヒントをくださった。これは、「創造的行為に熱中することで、私たちは抑圧された感情を建設的なエネルギーに転換する」[20)]というN.Rogers

の考えと一致する。いずれも関係性・相互作用の治癒力の本質を表す言語としては身体性（体験・行為）に寄る言葉であること、「夢中」や「集中」・「没頭」といった脳を経由するイメージ優位の言葉とは異なる、魂と手が直接つながる身体優位の感覚という、全体像のしっぽに手が届きかけている。

また、冒頭の「一体何が起こっているのか？」の問いへの答えを自ら辿った際に、序文に「集中」と記述していたことは、思考的作業ではなく偶然であった。しかし、改めてあの美術教室に居る感覚を想起すると、「熱中」が相応しいと、直感の働きを感じている。

この一連の作用を論理的に説明することは難しいが、本章のセルフオフセンス理論で言語化を試みるならば、「オフには、ゆるむ、ほぐすといったオフ的感覚と別に、退行・切断という意味があり、一時的な外界との切断によって、内界の忘我体験や熱中行為が守られ、葛藤や抑圧が解放され、ゆるみ、エネルギーに変換され、内界に充填される」というのがひとつの答えである。一言で言い表すならば、「表現の持つ関係性と相互作用の働きによるつながりが生きる力を生む」となるだろうか。

・・・点描⑤・・・　私のこれまでの表現実践の多くは論文化できていない。科学論文の構造にどうも馴染まない、芸術表現にある言語以前の根っこはなかなか言葉にならず、言葉にすることの限界を感じてきたからである。今回、未だ言語化できていない部分が大方であるにせよ、多くの先達の言葉を借りながら、私の中の確信を記述できたことをうれしく感じている。

そして、改めて、芸術表現アプローチの実践を辿ってみて、多くの芸術表現を通した人との出会い、人との交流、ささえあいが私の人生の中にずっと在り続け、活力されてきたことを、本当に幸せに感じている。“生きることそのものが芸術である”。まさにそれを体感した時間であり、それは今も続いている。出会ったお一人お一人に感謝を込めて、本章を私の「自己表現されたもの」として、皆さんと共有させて頂ければ幸いである。

あとがきにかえて――創造性がよりよい未来の軌道を描く

深夜AM2:00、エネルギー切れ寸前の頃にMacがスリープに入ると、スクリーンセーバーにプリモのメンバーの絵が現れる。なんともゆるいオフセンス。～しなきゃと思っていた肩の力がスコンと抜け、身体の芯から沸々と温かいものが湧き上がり、大爆笑した後には、よっしゃ、もちょいやるか、というエネルギーがチャージされている。この体験はロジカルに説明できないが、確かに体感として在る。あるいは、人は美術館を訪れる。美しいものに触れたい、枯渇した心を潤したい、五感に刺激を得たい、動機はいずれも人間の本能的な欲求である。その欲求は、何のために、どこから出てくるのか。自分の心の感じを投影し、切り離して見つめ直す時間、対象から受け取る固有のメッセージが、自分を癒し、自分を信じる力、明日を生きる活力につながっているからに他ならない。

表現は、空気のように、水のように、生きる身体と共にあり、特別な芸術創作をしなくても、日常に溢れている。自分の感じに触れると、心がちょっと動く、あなたの魂の歓びが身体に伝わってくる振動を、誰しも一度は体験したことがあるだろう。その感覚の源はいつも身近にあって、あなたの心に焦点を当てる、あるいは体の感じに触れるようチューニングするだけである。

あなたの内なる創造性との出会いから、あなたとあなた自身、あなたの大切な人たちと一緒に未来への軌道を描き、あるべき場所へ、よりよいあなたへと導かれることを願っている。

倫理的配慮

本稿における倫理的配慮について、東京大学の定める倫理委員会において承認を得た。

謝辞

本稿の執筆にあたり、快く事例提供とインタビューに応じてくださった、やまねこひろーば、あいあいエクスプリモのメンバーのみなさん、X障害福祉サービス事業所の理事長・施設長・支援職員の皆様、W大学の学生ピアサポーターの皆様、V大学のクライエントに心より感謝申し上げます。最後に、いつも温かく見守り、励まし、ご指導いただいている村山正治先生、増井武士先生、そして本書刊行直前にご逝去なされた峰松修先生に感謝と哀悼の意を表します。最後に、拙稿に貴重な示唆をお寄せくださった神田橋條治先生に深謝いたします。

注記

本稿の事例は、個人情報保護のため、本質を変えない部分で変更を加えている。

参考文献

1) 徳田良仁・大森健一・飯森眞喜雄・中井久夫・山中康裕（1998)、『芸術療法 1 理論編』、岩崎学術出版社。
2) N.Rogers、小野京子・坂田裕子訳（1993)、『表現アートセラピー』、誠信書房。
3) 中井久夫（2004)、「芸術療法と私の今」、『西日本芸術療法学会誌特別号』12。
4) 鬼塚淳子（2007)、「セルフオフセンスの治療的意義」、『心理臨床学研究』Vol.25 No.2、141-151頁。
5) C.Rogers（1961）*On Becoming A Person*. Boston: Houghton Mifflin.（村山正治他訳、『ロージァス全集』、岩崎学術出版社）
6) 村山正治・中田行重（2012)、『PCAGIP入門』、創元社。
7) 増井武士（2007)、『治療的面接への探求1』、人文書院。
8) 村山正治・太田列子（2004)、『こころのワークブック』、培風館。
9) 鬼塚淳子・安達都耶子（2013)、「こころの表現教室“やまねこひろーば”実践報告」、日本芸術療法学会第45回大会発表論文集。
10) 村山正治・鬼塚淳子（2014)、『じぶん＆こころまなBOOK』、培風館。
11) 中尾敬・宮谷真人（2004)「他者参照過程に感情価処理は関係しているのか」、『広島大学大学院教育学研究科紀要』、第三部、第53号、291-296頁。
12) 峰松修（2003)、「サイコリトリート（特集　臨床の知恵（工夫）が生まれるとき)」、『臨床心理学』3（5)、654-658頁、金剛出版。
13) 成瀬悟策・田嶌誠一（1987)、『壺イメージ療法　その生いたちと事例研究』、創元社。
14) 藤岡喜愛（1974)『イメージと人間――人類精神学の視野』、日本放送出版協会。
15) 鬼塚淳子・山川京子（2020)、「支持的サポートグループによる要配慮学生への就労支援の試みに関する一考察」、日本人間性心理学会第38回大会発表論文集。
16) 神田橋條治（2011)、『技を育む』、中山書店。
17) 神田橋條治、他（2022)、『どこへ行こうか、心理療法』、創元社。
18) 松村圭一郎（2020)、『はみだしの人類学　共に生きる方法』、NHK出版。

19) Jaakko Seikkula, Tom Arnkil (2014), *Open Dialogues and Anticipations - Respecting Otherness in the Present Moment*. Helsinki: National Institutfor Health and Welfare.（藤環監訳、『開かれた対話と未来』、医学書院）

20) Dave Mearns, Mick Cooper (2017), *Working at Relational Depth in Causeling and Psychology*. London: Sage Publications Ltd.（『「深い関係性」がなぜ人を癒すのか』、中田行重・斧原藍訳、創元社）

第３章

演劇と精神医療の協働の可能性

澤田　欣吾

はじめに

芸術は健康（精神的な健康を含める）や幸福（ウェルビーイング）に良い影響を与えるということが言われています（All-Party Parliamentary Group on Arts, Health and Wellbeing. Creative Health: The Arts for Health and Wellbeing; 2017.）。

私は精神科医である一方で、芸術、中でもドラマ・演劇に関心があり、かねてより、ドラマ・演劇は精神医療の役に立つのではないかと考えておりました。今回、私がこれまでに体験したドラマ・演劇、参加型芸術について振り返るために、4組の実践者にインタビューを行い、芸術家と医療福祉従事者とそのユーザーが連携し、社会全体の健康が向上するための芸術活動とはどのような活動であるかを研究したいと考え、まとめることにしました。

第1節ではサイコドラマについて、第2節ではドラマセラピー、第3節ではアプライドシアター：応用演劇について、実践されている先生にお話をお伺いすることができました。

また、コロナ禍で人が集まるイベントの実施が困難であった時に、オンラインで発達障害をテーマにした演劇作品を観劇しました。その作品は発達障害の当事者からみた世界をありありと表現しているもので、作品を観た人は発達障害を理解するということだけでなく、相手を理解するということを考えたり、作品を観た人同士の対話が促されたりする作品であると感じ、私の所属する東京大学の学内イベントとして学生向けにオンラインでの作品鑑賞イベントを行いました。この作品の作者・出演者である2人にもインタビューを行い、作品の意図や作品についてのお話を伺いました。

これらのインタビューを踏まえて、ドラマ・演劇の力をどのように精神医療に役立てることができるかを考察したいと思います。

1. サイコドラマ

横山太範（もとのり）先生（医療法人心劇会さっぽろ駅前クリニック院長）

澤田　サイコドラマは私も何回か体験させていただきました。体験を振り返りながらサイコドラマについて詳しく教えていただきたいと思います。まず、サイコドラマはかなり構造化されているという印象を受けました。ウォーミングアップから始まって、シェアリングまで、どんなディレクターのセッションでも構造は共通していました。ドラマで自己表現をすることもそうですが、初めて会った人がアクションを起こすこと自体が怖いことだと思いますが、皆さんが比較的すんなりできるのは構造がしっかりしているからかと思いました。

横山　その通りです。サイコドラマというとドラマの部分が注目されますが、ウォーミングアップがなければグループの安全感は生まれてこないと思います。まず、グループになじんでもらう、緊張をほぐす、ということでお互いが安心してから、主役選びのフェーズに入ります。ここまでの流れはすごく大事だと思います。そして、ドラマが終わったらシェアリングを行いますが、シェアリングというのは、批判やアドバイスではなく、ドラマについて、「自分も似たような体験がありました」、といったことを語り合う、お互いにシェアして、分かち合うということです。シェアリングがあるからサイコドラマは集団精神療法たりえているというふうにも言われています。ドラマを行なって、皆からあたたかいシェアリングを返してもらえるというところが安全な構造として作用しています。

ウォーミングアップ、ドラマ、シェアリングという構造はセッションを通じて繰り返し行われています。ドラマの場面を作る時にも、ディレクターが主役にインタビューしている時にもウォームアップは続いていて、シーンが作られて、観客はびっくりしたり、一緒に泣いたり、あるいは居眠りし始めたりして、常にウォーミングアップ、ドラマ、シェアリングは繰り返されています。

横山太範先生

サイコドラマで重要な5つの要素の中に「観客」があります。私は最初、なんで「観客」がサイコドラマの重要な要素なのかと思っていたのですけど、観客はその都度、厳しい反応だったりシェアだったり、フィードバックしているのですね。

澤田　観客の反応があるからこそドラマになるのですね？

横山　観客が見守ってくれているし、困ったら助けに来てくれたりもするから、観客があってのサイコドラマが成り立つのですね。

澤田　構造がしっかりしているからこそ、ドラマの中で自由な発想も生まれるのでしょうか？

横山　そうだと思います。ヤコブ・モレノ（1889-1974）さんはサイコドラマで自発性と創造性ということを重要視していましたが、構造や枠が安全性を担保していて、参加者の安心感から創造性と自発性が出てくるのかもしれないですね。生きるか死ぬかの状況や自分がいつ責められるかもしれないという状況では、身を守るのに忙しくて、自由な発想は出来ないですよね。安心感があって、結果として自発性や創造性を生んでいるのかなと、話していて思いました。構造がないと、ここが安全かどうか確認するのに時間がかかって、自由には振舞えないですよね。

サイコドラマで重要な5つの要素のもう1つは「舞台」です。ここは舞台ですから、劇をやるのだから自由にやっていいのですという保証、舞台の上で行われたことに誰もあなたを批判したりしませんという保証を与えるための舞台ですね。だから線一本でもいいし、ディレクターがここからここまでを舞台ですよと言ってもいいし、ここからが舞台だとハッキリすることで、自由に自発的になれる。サイコドラマの時間的な境目、ウォーミングアップからシェアリングの時系列の境目と、空間的な舞台という境目、区切りも、自発性や創造性を刺激しやすい構造になっているのでしょうね。

発達障害の患者さんも沢山サイコドラマをやっていますけど、他の人がやっているのをみているから、だんだん、劇では自由にやっていいのだというのがわかるのでしょうね。ごくまれにサイコドラマってみたこともない、という人が主役になっちゃうことがありますが、そういう時はなかなかドラマの進行が難しいですね。何故かというと、ここがドラマっていう、自由で、架空の場所で、何やっても大丈夫な場所という事を納得してもらうまでにすごく時間がかかる事があるからです。構造を理解できたときにはじめて自由になるのかもしれないですね。

澤田　そうですね、全く構造や道具も良く分からないまま自由にやってください、と言われたとしても固まってしまうかもしれませんね。

横山　子供の時なら自由に「ごっこ遊び」もやれたけど、いい大人になってからだと、大変じゃないですか？　発達障害のひとだと、そもそも、「ごっこ遊び」の経験が少なかったりして、もっと大変かもしれません。

澤田　大人になると、日常生活で何かの役になっているから、無邪気に何か別の役になることが出来なくなる、服を脱いだら恥ずかしいというように、役を脱いだり着たりするのが恥ずかしいと感じるのでしょうか？

横山　システム論的役割理論はご存じでしょうか？　人はいろんな役割を取っていて、例えば、私は「横山太範」という人間だけど、サブシステムの中にはお父さんとしての横山がいたり、院長としての横山がいたり、医者としての横山がいて、システムが沢山あるじゃない。ロールごとに相互に影響し合ったり、何かが影響受けたら小さくなったり大きくなったりするわけですが、自分の中に沢山あるサブシステムが自由に入れ替わることができたり、表現できたりすると健康と考えられる。大人になって、いろんな役割が存在しているはずなのに、エリートサラリーマンという役割しか取れなくなっちゃうと、もう死ぬまで働くか、途中で挫折してうつになるかもしれない。役割が自由に入れ替わることができれば役割相互間の関連性が保たれて病気にならなかったのに、ということはありますよね。きっと、子供の頃はそんなことを意識しなくても、自由に役を取れていたのに、大人になるにしたがって、役割を自分自身が使い分けないといけないのに固くなっちゃうのか、自由に入れ替えたりが出来なくなるのかもしれない。

発達障害の人のサイコドラマでも、過去にさかのぼっていくと、小さい子だから自由になれるという場合も結構あります。記憶の断片なんかに、小さいときはもっと自由だった、とかあるのかな。きっとあるのだろうね。ドラマで小さいときに戻ると、優しくなったり、自由な発想になれたりする人がいます。逆に、なれない人もいました。かなり大変な過去があるのではないかな。私のクリニックに来る人は大人になってから発達障害がはっきりした人が多くて、幼少期から明らかになっているわけではないというのが特徴です。そのためか、ほとんどの人は、小さい子供になったら、小さい子供らしいことができるけど、出来ない人は、幼少時から明らかになっている人や何かしら重症なのかもしれないですね。

澤田　役を取るという事は、ドラマの良さであるということでしょうか？

横山　絶対そうですね。集団精神療法としてシェアリングが重要とは言いましたが、ドラマで誰かに頼まれて、その人のために役を取るというのは、利他的な行動で、かつ、役を頼まれた人はその人のために今まで経験したことのない役をやったりするから楽しいのかもしれないですね。

澤田　日常と違う役をドラマでやることで、日常の役が固まってくるのを少しほぐす効果があるかもしれないですね。

横山　それはあると思います。

澤田　サイコドラマを通じてお互いを理解するとか、役を通じて共感を得るとかといった効果もありますか？

横山　モレノがサイコドラマの効果の一つとして挙げた言葉に「テレ」っていうものがあります。「テレ」というのは遠くにある二つのものがつながっている状態のことです。モレノは、初めて出会っても、お互いに通じ合うものがあると言っています。

澤田　私がサイコドラマに参加した時に、主役の人が誰かに役をお願いするという時に、「この役、自分に当てられるのではないかな」と思っていると、実際に当てられたりしてびっくりしたことが何回かありましたが、「テレ」とはそう言ったものですか？

横山　そうですね、その通りです。「テレ」とは第一印象という事もできるし、心理学の用語の転移だとか逆転移とか、そういう風に考えていいと思います。いろんな思いが相手に投影されちゃったり、それを受け取った人が、様々な感情を投影というか映しこんじゃったりすることを転移と呼びますよね。診察室の場であれば、主治医と患者さんの間でだけ行われる転移、逆転移の関係が、集団精神療法では自由になります。アクションを使わない集団療法でもそうだけど、サイコドラマはさらに広くなりますよね。例えば、私が患者さんと2人で精神分析をやっていたとして、患者さんがお母さんに向けていた感情を私に向けることは難しいこともあります。それがグループの中でやれば、私より遥かにお母さんを思い出させる人がそこにいる可能性は高い。さらにサイコドラマは動きが入って、しぐさが入って、笑い方だったり、ちょっとした握手、肩をたたく、ということで過去の記憶が想起されたりして転移が生じたりする。仲間意識や、集団の凝集性が育ったりする過程を考えると、モレノの言う「テレ」というのは集団内で自由に移動される転移なんじゃないかと思っています。実際に、そういう論文もあります。

　ウォーミングアップの話に戻りますが、ウォーミングアップの時は、いろんな人を選んだり選ばれたり、ということをすることが多いです。まず、誰かを自由に選んでいいよ、あなたの思いを誰かに勝手に押し付けても怒られないよということを伝えます。そして、例えば「この中で一番ケーキ作ったらおいしいケーキを作りそうな人のところに行ってください」とか、色々とお互いのメンバーのことを想像して、選んだり選ばせたりする。サイコドラマは他の治療方法よりもスピーディーに関係性が密になるということが特徴の1つだとは思います。ドラマを作り上げていく頃には、お互いを知っている感覚が出てくる。私は大学院の頃に対人魅力についても研究していたのですが、人が誰かに魅力を感じたりするのは、1つにはお互いに似ているところがあると魅力を感じるということがあるのだそうです。サイコドラマでは似ているところ探しを結構するのですが、似たところがあると、人は他人に魅力を感じるようですね。もう1つ、この人から選んでもらえると思うと、魅力を感じるようです。似ているところをサイコドラマで探してみたり、サイコドラマの中でこの大事な役をあなたにやってほしいですと選ばれたら、頑張りますとなったりするでしょう。サイコドラマの選ぶ・選ばれるという構造もお互いの距離を縮めるうえですごく重要だと思います。

ドラマでは主役がいろんなことを自己開示して、例えば主役が「昔、お父さんにいつもぶん殴られていたんです」というと、観客でぶん殴られたことがある人は、主役と似ているから「こいつ良い奴だな」と思う。主役の自己開示はドラマを進めるために行うことでもあるけど、観ている皆に理解してもらう作業を同時にやっています。そういったことがサイコドラマではお互いの距離とか孤独感を薄める上で重要だと思います。

澤田　自分だけが大変だと思っていたのが、他の人もそうだったのかと感じたりすることが癒しにつながったりするということでしょうか？

横山　社会的孤立に至る人、例えば引きこもってしまう人というのは辛いのは俺だけだと思ってしまってそうなってしまうということも多いと思います。単純にそれだけではないかもしれませんけど、この世で俺だけが辛いと思ってしまう人は多いと思います。だからこそ、「この辛さは俺だけじゃなかったんだ！」という発見はものすごく治療的ではありますね。

澤田　一方で、サイコドラマについて、すごく感情を揺さぶられるものとか、自己開示をさせられるといった印象で苦手なイメージ持たれている方も多いかもしれないですね。

横山　感情移入や自己開示がいきすぎちゃうリスクがあるから、気を付けないといけないですね。サイコドラマで危険なのはディレクターがやらせたがっちゃうということがあります。「主役を泣かせたらよし」と思ってしまうというのは危険ですね。ドラマではいろんな気づきがあって涙を流すときもありますけど、「主役を泣かせたらよし」、「感動的なドラマになったらよし」といったふうにディレクターがひたってしまうと危険ですよね。

ディレクターの中には初回参加の方や三回目までの方は主役をやらないでくださいという人もいます。グループが成熟していればいいですが、成熟するまでは何も知らないで自己開示しすぎてしまうリスクもありますので。「サイコドラマの中では嫌なことは無理強いされることはありません」と言います。「観ているのもつらくなったら、後ろで寝ていてもいいんです」と言っていたこともありました。「観たくなかったら観なくてもいいし、ただ、始まっちゃったら、お部屋にはいてください」、と。

澤田　特に発達障害の人だと、先が読めないと、安心・安全がないと感じるかもしれませんね。

横山　演劇というと、学芸会とかのトラウマで参加したくないとか、セリフ間違えたら怒られるんでしょう？　とか思っている人が多いかもしれませんね。「嫌なことは断っていいし、最初は見ているだけでもいいです」と伝えています。「観て、慣れていって、参加したいと思ったら参加していいし、そう思えない間は、見ているだけで良いですよ」、と。そういった形で安全を確保していることもありますね。

澤田　サイコドラマの効果としては様々あるかと思いますが、その人の抱える課題をドラマの中で役を自由に扱うことで、様々な気づきを得たり、感情が揺さぶられたりする。それだけで課題を解決できるわけではないけれど、みんなで共有する体験をすることで、抱える課題に対する気持ちが少し癒えたり、同じような課題を抱えているのは自分だけではなかった、と孤独感が癒やされたりする体験になるのかもしれませんね。そういった体験をする上でセッションが安全に行えるように工夫をされているということがわかりました。まだまだ話し足りないことも多いですが、本日はありがとうございました。

2. ドラマセラピー

尾上明代先生（立命館大学　人間科学研究科　教授）

澤田　私は2018年に尾上先生が東京大学で開講された「ドラマセラピーを通した表現実践」に2回ほどお邪魔してドラマセラピーを体験させていただきました。その時に印象的な場面があります。まず、ソシオドラマで「就活」をテーマに場面を作った時のことです。私のグループでは就活を行う学生が主人公で、卒業論文が上手く進んでおらず指導教員と交渉するといった場面を作りました。そこで私は指導教員役を演じることになったのですが、その指導教員の設定をみんなで考えて、「厳しい言葉は言わないし、口調や物腰も優しいけど、最終的には妥協を許さないような先生」という設定を作りました。学生と一緒に「あるある」、「あからさまに厳しい先生も嫌だけど、こういう先生の方がもっと辛いよね」と、盛り上がって、私も学生も気づいたらタメ口で話していて。発表したドラマでは優しいけど厳しい指導教員を、私のアドリブでやや冷徹さも加えて演じたところ、終わった後に「こういう先生いるー！」と爆笑が起こりました。

この場面を作り上げる時に少しずつお互いのことを理解しようとする働きが自然と生じたことが印象に残っています。悩み相談と遊びを行き来しているような感覚で楽しみながら場面を作り、出来上がったドラマをみて、「物腰の優しい先生」に対して不満を言ってはいけないという考え方が少し緩み、「そうは言ってもその優しさが辛い時もあるよねー。」と本音の意見が引き出される。こういった対話は私が精神科医としての臨床を行っている場面ではなかなか出

尾上明代先生

てこないです。その人の診察室での様子と実際の生活でのその人の様子に乖離があって……。こういった対話はドラマセラピーではよく起こることでしょうか？

尾上　そうですね、ホリスティックな関わり、「全人的に人と人が本当に出会う」ということを実現することができるもののひとつがドラマかなと思います。さらには台本と役があって、セリフを覚えて演じるドラマではなく、即興ということもポイントだと思います。即興で役を演じると、アクションやセリフの中に本当のその人が混ざってきます。でも100%その人ではないっていうところが、演じる方もやりやすいですよね。Aさんがいろんな役を演じていると、こういうAさんもいるんだ、ということがわかっていくというところも面白いですよね。

私は先ほどの「診察室と生活との乖離」ということが、本当にその通りだなと思っています。色々なその人の姿をドラマで知ることができれば、診察室の中の様子しか知らないというのと大違いだと思いますね。そういったことを精神医学とか心理的な治療に応用できればそのような乖離を埋めることができるのではないか、私はそれを何とか実現したいと思ってきました。私は治療的なドラマのセッションでは、患者さんだけでなく、セッションに医師、看護師、施設のスタッフに参加してもらいます。依存症の回復施設では、医師、看護師やソーシャルワーカー、当事者スタッフに1、2年のトレーニングを行なって、知識がある上で利用者さんと一緒にドラマセラピーを行うことをやりました。医師も看護師もスタッフも当事者もドラマの上では同じ土俵の上になります。そうすると皆がお互いにイコールで楽しめる、普段と違う面を見ることができて楽しいし、当事者の方がどんなふうに回復しているのか手に取るようにわかって面白いと言われます。プレイフルネスということは私が一番大事にしているものの一つです。セッションでは段階が進むと深刻で真剣な場面を行なったりもしますけど、ゲームもたくさんするので、一緒に遊んでいるみたいな感じになります。それ自身が、とてもセラピューティックであったりします。児童養護施設でセッションを行なった時もその施設のスタッフと一緒にやったので、スタッフの方々は子供たちのいろんな側面が見られたと思います。そういったことが少しでもできるような世の中になったらいいと思っています。

澤田　ドラマの利点ですが、役をオンしたりオフしたりできるということや、遊び感覚でできるというのが良いのかなと思います。これも「ドラマセラピーを通した表現実践」での一場面ですが、その時は子育てを行う家族のドラマを作りました。そのセッションはドラマを一通り演じた後に、もう一度ドラマを演じ、途中で観客が止めて、観客とある役を演じている人が入れ替わって全然違う行動やセリフを言うような役に変わってドラマが展開していくと言うものでした。他の学生さんは比較的ありえるかなと思うような転換を行っていました。私はもっとやってみたら面白いのにという好奇心が出てきて、子育てに疲れてしまっている母親の役と交代し、泣いている子どもに対して、それに負けないくらい泣いて駄々をこねる母親を演じてみせました。かなり非現実的な場面を作ってしまいましたが……。

尾上　思い出しました。その時は「うわー！」って泣くお母さんが印象的で。あのセッションの後日、今まで行ったセッションの場面を挙げて、それを当てよう、面白いと思った場面を投票しようという、思い出を楽しむみたいなワークがあって、先生が演じた「うわー！」って泣くお母さんの場面を再現して、もう一回皆で大笑いするっていうことがありました。

澤田　ちょっとやりすぎかなと思いましたが、面白かったですね。

尾上　本当、あの場に子育て中のお母さんがいればこのぐらい泣きたいわよって思ってすっきりする人はいると思います。

澤田　あの場面で、役を脱ぐという事を意識したところがあります。現実の世界でもお母さんは「お母さん」という役を演じていると思います。誰もが生まれながらに「お母さん」ではないけど、子どもが生まれたから「お母さん」になるかもしれないし、子どもを育てなければいけないので「お母さん」になるかもしれない。その人は「お母さん」の役ではない一人の人間であればストレスフルな時に泣いてもおかしくない。でも「お母さん」の役は子育て中に絶対に泣かない。ドラマの中では、そういった固定概念というかステレオタイプの「お母さん」の役ではなく、「泣いてわめくお母さん」がいても良くなる。

私はそういうふうに「役を遊べる」というのが大事なのかなと思っています。現実の世界では意識的でも無意識でも役を演じないといけない、ともするとその役にがんじがらめになってしまう。ドラマでは色んな役を入れ替わったりもできるし、遊び的に入れ替わることができるので思考や対話を立体的にするのではないかと思っています。

尾上　そうですね、設定が現実的できちんとしているものって、とても大事だと思っていますが、その設定だけでやると皆がとても緊張しちゃう気がします。その前に遊んでおくことが大事です。ドラマセラピーの第一段階では、とにかく子供の頃やっていたけど忘れてしまっているような、独特なクリエイティブな楽しさ、「なんとかごっこ」みたいな、「何かになる」とか、そういった架空が大切ですね。もう一つのポイントとしては、架空の設定で心が解放されて、皆で遊べるという状況を経て、現実的な設定に進んでいくことが大切ですね。そうすると、心の自由度が全然違います。先生が演じた「泣いてしまうお母さん」という役を現実的な場面でやると、あまり良いアイディアではないという事になっていたかもしれないけど、ドラマセラピーでは、むしろ推奨されるような提案です。ああいうことをやって笑っておくと、もしその場に子育て中でイライラしちゃうお母さんが来ていたら、帰った後、現実の場面でクスッと笑っちゃうとか、実際の子供の前でそこまで泣けないにしても何かそこで得た力、ヒントが反映されると思っています。そういった力やヒントは現実的にどうしたらいいかだけを考えていても絶対出てこないものだと思います。遊びの段階をしっかりやる、架空を貫くというところを私は気にしてやっているところです。

澤田　「遊び」と「架空」ですね。ドラマセラピーでは非現実的な場面をやるからこそ、ドラマが終わった後、現実に引きずらないということもありますか？

尾上　そうですね、ドラマセラピーが使う手法は色々あります。1つの軸はフィクション性が高いものか、ノンフィクションかといった軸で、もう1つの軸は、「作る過程：プロセス」を大事にするか、「出来たもの：プロダクト」を皆に見せることを大事にするか。この図はドラマセラピーパイと言ってSally Baileyさんが考案したものです。この図の中に出てくるものが全てではないのですが、このように色々なアプローチの手法があります。

　さらに五段階理論というのが別にあって、劇遊びからだんだん深くなってい

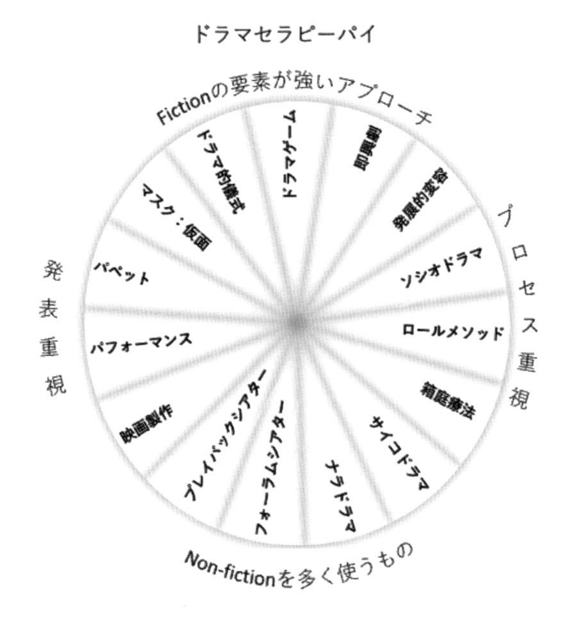

Dickinson, P. and Bailey, S.D. The Drama Therapy Decision Tree, Intellect. 2021より改変

ドラマセラピーパイ

って、最後のドラマ的儀式にもっていくという。それは一回のセッションでも少しずつウォームアップしてって、その日のメインのワークをやって収束させるというのがあるけど、10回、20回、30回と同じ固定グループでやるとだんだん深くなって進んでいく。その時に様々な手法を組み合わせて、その時その時の対象者、目的に合わせて色々なものを少しずつ混ぜながら使っているのが実情ですね。私の場合は、古典的なサイコドラマはあまり行わないですけれども、その人の現実の場面、昔の場面を使うとか作るとかはあります。ただ、それはグループが成熟しないと使わないようにしています。さっきの「架空」の話ですが、私は架空を重視しています。私は一般向けにセッションを行うときには、こういう症状の人とか、病気の人だけとかいった募集はできないのでテーマで募集するんですよね。例えば、「赦せないことと取り組む」というテーマをやりますといったとするじゃないですか。そうすると診断名が何であれ、健康グループの人であれ、許せないことがあって、そのことを探索したいという人が応募してきますよね。そうすると中には、ものすごいトラウマ、被害体験を持つ人が来たり、そうでもない人がいたりします。そういった場所で、本当のこと、現実のことを開示していただくことになると、メンバー間での温度差もありますので、困ってしまう。そこで、私はいかに自己開示をさせないで、皆が一緒に癒されるかというところを目指そうと思ってやってきています。そこで比喩として昔話とか、例えば、悪いことをするやつをやっつけるお話としてはなさかじいさんなどを使い、そこでポチを殺されたおじいさんが、隣のおじいさんを赦すかどうかを話し合ったりします。

普通にカウンセリング、心理療法を受けるだけでも日本人にはけっこうハードルがあり、さらに演じさせられるとなるとさらにハードルが上がり、他に知らない人がいるグループでさらにハードルが上がり、と三重苦ですが、「自己開示していただかなくていいです」という文言で集めると皆さん来てくださいます。とうとう最後まで、現実的なことは誰も話さないまま、皆で深い話し合いをして、赦す・赦さないという事を深く考え、とても癒され、かつ楽しかったっていうことができるんですね。そういったことは私が一番大事にしていることだと思います。

澤田　その人の抱えている悩み、問題、課題をいきなりバーンと開示することは危険だし、本人にものすごく負担になったりする。架空の「桃太郎」などの昔話とか、ドラマの中の架空の設定の「あなた」とかの役を通じて、自己開示をしていなくても漏れ出るというか、ドラマや役に本人が抱えている課題が投影される。けれども、その人のそのものじゃないという事が安全にもなっているし、その人を守っている。バーンとした自己開示はしていないけれども共有される。そういったところが架空の良さ、架空の安全性と、架空であるがために話や議論が立体的に発展しやすさということでしょうか？

尾上　「架空の安全性」ともうひとつキーワードがあるとすると、「シンボル、メタファー」というものですね。自分じゃなくて、おじいさんだったらポチを殺した人を赦さないとか、自分とつなぐ役や状況がメタファーになる。共有もそうですね。アイソレーションからインクルージョンへ、ということを言った人がいますが、すごく好きな言葉です。個別の話だと、たとえ状況が似ていても、それぞれが孤立した出来事や思いかもしれない。それが、おじいさん、ポチのことになると、共通の、ともに存在するものに変わる。そういったことが起きるのはグループセラピーの本質だと思うんです。さらには、自由になる、自発性や主体性が高まって大きいエネルギーが出てくるのもあります。自分にこういうことがありましたということより、おじいさんとポチの方が、自由でエネルギーが出てきて、なんかやりたくなったり演技したくなったりする。そういうことをたくさんのセッションで体験しています。メタファーとか架空とかを使うのは、単に安全だから、自己開示しなくていいからという消極的な理由だけではなくて、むしろメタファーの方が強力に効果があると感じています。

澤田　ドラマの強みとしては架空やメタファーであること。それが安全性を保つというだけでなく、自由な発想を生み、本人や共にドラマを体験する人がエンパワーされるといった効果がある。架空やメタファーというのは決して虚構ということではなく、架空やメタファーの中にこそその人の本当の姿が表れてくるといったことでしょうか。まだまだ、ドラマセラピーについて伺いたいのですが、今回はこの辺とさせていただきます。ありがとうございました。

3. アプライドシアター：応用演劇
佐々木英子先生（アプライドシアター研究所主宰）

澤田　今日はよろしくお願いします。佐々木先生はアプライドシアター研究所の主宰をされていて、私もその研究所のワークショップやイベントに何回か参加させていただきました。早速ですが、「アプライドシアター：応用演劇」とは何でしょうか？

佐々木　こちらこそ、よろしくお願いします。「応用演劇」は、広い意味では、演劇をしない一般の人たちのための「参加型の演劇」を意味する、サイコドラマからアマチュア演劇まで網羅している包括用語です。90年代半ば、グローバル化によってそれまでのアイデンティティが壊れていく中で、各地で自然発生してきた実践が「応用」という言葉を再獲得したことで生まれた比較的新しい分野です。

21世紀に入ると、被抑圧者である周縁の人々や脆弱な状態にある人々などが対象となり、欧米を中心にアカデミックの文脈で急速に広がってきました。今では演劇を道具にして課題のある現状をより良くするために、コミュニティや個人の解放と変容を促し、エンパワーを目指すワークショップとして、特定のコミュニティで行われることが主流になっています。

それから、「人間中心」と訳すと誤解する方もいらっしゃるのですが、これはカール・ロジャーズ（1902-1987）が提唱した「パーソンセンタード」から来ているもので、参加者を主体にした場であることが重視されています。アーティストがアウトリーチで行うことが多く、先生と生徒、医者と患者、セラピストとクライアントといった関係ではなく、あくまでもファシリテーターと参加者というフラットな関係で行う場です。民主主義を表すリンカーンの有名な「人民の人民による人民のための政治」ではありませんが、「コミュニティ（または個人）のコミュニティによるコミュニティのためのコミュニティと共にある」演劇だといわれたりもします。

澤田　その被抑圧者を対象とする演劇とは、いわゆる「被抑圧者の教育」から発展したものですか。

佐々木　はい、そのとおりです。21世紀型は、「被抑圧者の教育」を提唱したパウロ・フレイレ（1921-1997）と「異化効果」を唱えたベルトルト・ブレヒト（1898-1956）の強い影響を受けた、ブラジル出身のアウグスト・ボアール（1931-2009）の演劇論「被抑圧者の演劇」が根底にあるといわれています。ボアールは、演劇ワークショップの先駆けの実践家です。

佐々木英子先生

澤田　「被抑圧者」とは誰を指しているのでしょうか？

佐々木　被抑圧者はthe oppressedの訳で、虐げられた人々、抑圧された人々のことです。応用演劇では、周縁の人々、脆弱な状態の人々、課題のあるコミュニティなどという言い方もします。新型の応用演劇は、刑務所やホームレス、LGBTQ、アルコール中毒など、さまざまな課題のあるコミュニティで行われています。

私たち自身も既成の枠組みの中で過ごしていると、無意識に抑圧したりされたりしている状態になっているかもしれませんよね。辛さや違和感を感じていても、その環境で生活していると、自分でなぜそうなっているのかに気づくことはなかなか難しいものです。

澤田　例えば学校で、教師と生徒の関係は被抑圧者になり得るということですか？

佐々木　そうですね。まさにフレイレは、教師が一方的に教え込むことを銀行型教育と呼んで批判し、双方向の対話型、課題解決型の教育を提案しました。一方的に知識を詰め込むことは生徒を受け身にさせ、非人間化させることになると考え、双方向で対話することで、生徒を意識化・人間化させようと考えたんですね。ですからフレイレによると、多くの教育現場において、生徒は被抑圧者であるといえるかもしれません。

ただし、格差や貧困といった課題が生じる変動時代には、教育でも変容的様式と呼ばれる「わかるようになること」を育む生徒主体の場が流行する傾向があります。日本でも「主体的・対話的で深い学び」を取り入れるようになったのは、比較的最近のことですよね。日本は今まさに、課題解決型の教育を実践しようとしているのではないでしょうか。

澤田　演劇自体も舞台で役者が演じて観客は単に観ているわけですが、その構造自体、観客は被抑圧者になり得ますか？

佐々木　まさにボアールは、受け身に観ているだけの観客を被抑圧者であると捉え、フレイレが境界を取り去って双方向にした教育における先生と生徒の関係を、演劇における演者と観客の関係に置き換えました。実際にボアールは、観ているだけの受動的だった観客を巻き込んで舞台上に上げて、舞台上の物語を変える行為をする主体（スペクトアクター）にしてしまいます。

「演劇は革命の武器であり、リハーサルである」と言ったのはボアールですが、実際にその場で物語を変えられなくても、疑似体験を通して自分の住んでいる世界を意識化し、自分が今置かれている現実を変えられる行為の主体であると気づき、人間性を取り戻すことができる、そういう場を提供しようとしたということですね。

澤田　観客が受け身で見るのではなくて、物語を変えたりとかできる主体的な存在であるというような事に気付かせるというのが被抑圧者の演劇だということですか。

佐々木　「被抑圧者の演劇」を一言でいうことは難しいのですが、それは間違いなくありますね。

澤田　例えば、医者と患者における被抑圧者の演劇もありますか？

佐々木　ありえます。先ほどの教師─生徒、演者─観客の関係に置き換えるなら、医者と患者であれば、一方的な治療を施される患者が被抑圧者になるかもしれませんね。

一方ではコロナ禍が長く続きましたし、医療従事者の方々もまた、被抑圧者だった可能性もありますよね。医者側・患者側双方の演劇を作り、コミュニティにおいて皆で共に考える場があってもよいかもしれません。

澤田　被抑圧者の演劇の中でフォーラムシアターというものがあると思いますが、これはどういったものでしょうか？

佐々木　フォーラムシアターでは、抑圧されている人を主人公に、自分たちのコミュニティの課題が入った寸劇をまず見てもらいます。それから同じ劇を繰り返すのですが、今度はそれを見ている人たちが、主人公の未来をより良くするために、「自分だったらこの人のセリフや行動をこう変えたい」と思ったところで寸劇をストップさせ、意見を反映させて俳優に演じてもらったり、実際に舞台に上がって演じたりしながら劇を変えていきます。

澤田　そこに観客が入っていって、変わっていく。

佐々木　はい。同じ寸劇を巻き戻して、そこに観客の意見を反映させて元の物語を変化させていきます。現実ではなく演劇ですから、繰り返し再現することができるわけです。すると、苦しい状況に陥っていた主人公の未来が、思いもよらなかったより良い未来へと自ずと変わっていったりもするわけです。そしてそこで、気づきを得ることになります。もちろん、観客の意見が入っても変わらないこともありますが、体験することで「変えられないと思っていた環境を自分たちの手でより良く変えることができるかもしれない」と気づくようになるんですね。

フォーラムシアターは演劇そのものを目的とはしていないので、演技がうまいかどうかは全く関係がありません。そこに気づきや変化のポイントがあるかどうか、参加者の声が反映されたかどうかが大事です。「フォーラムシアター」という名前からもわかるように、演劇を通して自分たちの現状や未来をより良くするための公開討論の場なんです。

澤田　アプライドシアター研究所では言語的なセッションの他に非言語的なセッションもやられていて、私も参加させていただきました。アプライドシアター研究所のセッションでは様々なことをやられていて、かつ、参加者に対してオープンな場になっていると感じました。
佐々木　ありがとうございます。そうですね、研究所では応用演劇手法の研修会や研究会だけでなく、さまざまなワークの場を実験的に実施しています。そもそも私自身の関心は、この分野との出合いから始まったものではなく、子ども時代の個人的な体験を発端にしているものなんです。私は子ども時代からやや緊張症だったので、自分自身に起こる現象を分析してどうすればいいかを常に考えている子どもだったのですが、小学校時代に全員参加の演劇を通して自分と周囲の変容を体験して、「これは何だろう？」と「演劇の力」に関心を持ったのが、私が応用演劇を手がけることになったきっかけです。そして2000年にとうとう勉強会を始め、「演劇の力」というオープンエンドの問いをコピーにして、実践を通して主体的に考えてもらうきっかけを作ろうとしました。それまではいくら周囲に話しても誰も関心を持とうとしなかったので、関心を持つ仲間に出会いたいと思って行ったという事情もありました。学生時代は人間健康学科だったこともあり、誰もが演劇のプロセスをレクリエーションのように使って心身の健康の回復や予防に貢献できないだろうかと考えていたのですが、80年代に初めて出合ったサイコドラマは時代的にまだ閉鎖的だったこともあり、私はその時には合わないと感じてしまったんですね。

こんな経緯から、私は演劇や芸術を道具にして、安全に解放を行える場を手探りしてきました。芸術は本来治癒的なものですから、ここではサイコドラマやドラマセラピーのように治療やセラピーそのものを目的にするのではなく、誰もが使える副産物としての効果が得られることを目指しています。
澤田　ダンスセラピーのワークショップに参加させていただいた時に私が感じたことなのですが、大人になると、言語的なコミュニケーションは多くなりますが、身体的なコミュニケーションは陰に隠れる、少なくなってきている。ダンスセラピーでは非言語による会話にスポットライトが当てられていたような、体での会話が行われていたかなと感じました。

佐々木　たしかに、人間は母親の表情を模倣するコミュニケーションから社会化を始めるのに、成長していくにつれて言語ばかりが求められ、非言語は陰に隠されてしまいますね。非言語にスポットを当てて身体を自由に動かし、バランスを取り戻せる機会はなかなかありません。ダンスセラピーは、安全に他者とも身体の言語で会話できる貴重な場かもしれませんね。

ご参加いただいたダンスセラピーのワークですが、それが行われる数か月前に、イギリスのダンスセラピストのワークショップを見学したことがありました。その中には「見学者もちょっとだけ動いてみましょう」というコーナーがあって、5分ほどでしたが大変不思議な感覚を体験することができたんです。自然に浮かんだ、身体のある部位から何かが流れ出てくるような動きを繰り返していたのですが、この時に予期しない身体反応を体験しました。たった数分のちょっとした動きだったのにも関わらず、長らく身体に閉じ込められてきた感情が表に出てきたんです。この体験を通し、ちょっとの間にそこまでオープンにしてしまうダンスセラピーの作用に対してそのリスクも含めて関心をもっていたところに、イギリスでダンスセラピーやソマティックを学んだ古川彩香さんを偶然紹介していただいたのが、ワークショップを行うことになった経緯です。

東洋医学などでは「内臓に感情が宿る」ということをよく聞きますが、15年以上前にロンドンで受けた俳優のためのワークショップで、「身体の部位に感情や記憶が宿っている」ことを前提にして身体の部位を意識して動かしながらしゃべるようにすると、セリフが自ずと展開していくという面白い体験をしたこともあります。このようなことからも、身体の声に耳を傾けて身体を自分のペースで自由に動かし、抑圧していたエネルギーを解放することは、治癒的であるといえるでしょう。

非言語コミュニケーションといえば、パペットのセッションにもご参加いただきましたね。ロンドン在住で国際的に活躍されているパペッティアなかむらあやさんと、映画「スターウォーズ」シリーズの人形師でもあるモヒスン・ノ

パペットのセッションで作ったパペットと

パペットのセッションで作ったパペットたち

ウリさんご夫婦が、ファシリテーションをしてくださいました。

澤田　パペットのセッションは面白かったですね。同じ非言語のコミュニケーションでもダンスと違ってパペットは自分の体や自分の動きじゃないのでハードルは少し低かったと思います。あと、新聞紙でパペットを作ったのはすごく良かったと思います。新聞紙で作ったパペットは関節がないので、勝手なことが出来ました。

佐々木　ええ、面白かったですね。澤田先生が可愛らしい自作パペットを分身にして、皆さんとイキイキと交流されていたのも印象的でした。新聞紙だと関節がないというのは、たしかに動かし方次第で何でもできて、かなり自由になりますね。新聞紙の状態からそれぞれの分身が生まれて対話をしながら動き出し、他者と出会いながら交流に没入し、また新聞紙に戻っていくパペットの旅は、見ていても感慨深かったです。ハードルが低く感じるというのは、パペットがちゃんとクッションになっていたんですね。

実は、パペッティアのお二人には、「新聞を使いたい」さらには「パペットに顔を作らないでほしい」と事前にお願いをしていました。顔を作らないのは、治癒教育を行うシュタイナー教育の考え方を取り入れています。パペットに顔があると、言語化できない気持ちや感情を自由に投影できなくなってしまうんですね。また、新聞紙を使ったのは、勉強会を始めた2000年当初のテーマの一つが「再生」だったこともあり、ゴミになってしまうもの、身近で気軽に誰もが使えるもの、また、いろんなものに形を変えられるものなどを意識して道具にしたからです。今回も、そういう流れで新聞紙を使っています。

パペッティアのモヒスン・ノウリさん

澤田　パペットのセッションは身体性が苦手な人、例えば、非言語のコミュニケーションが苦手だったり、慣れていなかったり、やったことすらないという人にとってもハードルが低かったように思います。逆に言語的なコミュニケーションが苦手な人にとっても、安心して言語以外のものでコミュニケーションをとることができるのではないかと思いました。

佐々木　今回は五感をたっぷり使って、新聞と遊びながらパペットを自由に作るところから入ったのもよかったかもしれませんね。お話をうかがって、分身になってくれるパペットにはインクルーシブな無限の可能性がありそうで、ワクワクしてきました。おっしゃるように、非言語であっても表現をしなければいけないとなるとハードルが高くなってしまいますが、人間は本来、言語に比べて無意識的な非言語コミュニケーションが圧倒的に多いものであるといわれています。演劇や芸術を使うことは、まさにそういった非言語のコミュニケーションにもアプローチができるということが強みだと思います。言葉の壁を越えて誰もが参加できるし、様々な問題にアプローチしやすいものであるはずです。

　地球上がつながって誰もとり残さない持続可能な世界を目指す時代に、誰もが参加できて、治癒的であり人間性も回復していけるような「演劇の力」を活かせる場を、引き続き探求していきたいと思います。

澤田　アプライドシアター研究所のセッションは色々な人が参加していて、色々なことを試されているのが印象的でした。今後もまた参加させていただきたいと思います。また、勉強させてください。今回はありがとうございました。

4. 当事者演劇

増田雄先生（株式会社マスダシアターコンサルティング）
関根淳子先生（SPAC（静岡県舞台芸術センター）、劇団音乃屋主宰）

澤田　お二人の作品、『私』と『わたし』について、お話を伺えればと思います。この2作品について、最初、増田さんが『私』を作られたのですよね？　まず、『私』について、どのような作品か簡単にお願いできますか？

増田　就職活動中の大学生のもとに「もう一人の私」と名乗る人間がやってきて「私はあなたです。あなたの有効期限が切れたので更新にやってきました」とアップデートを促されるところから始まります。アップデートすると「マニュアル」というものがついてきて、「そのマニュアル通りに行動すれば社会にうまく溶け込めるようになるよ」と。色々あった末、その主人公はそれを受け入れるのですけど、初めのうちはそのマニュアル通りに行動していたらうまいこといくけど、だんだん違和感を感じてくる。その違和感っていうのは自分がマニュアル通りに扱われているっていう、なんていうか、「自分というものの崩壊」みたいなことを感じてくる。結局、社会に馴染むことができず孤立してしまうけれど、昔自分が書いてきたノートを目にし、そのノートを読み進めていくうちに、新しい自分にしか創作できない世界を作るんだというふうなことで、最後は旅立っていくっていうストーリーです。

作・出演：増田雄『私』の劇中写真

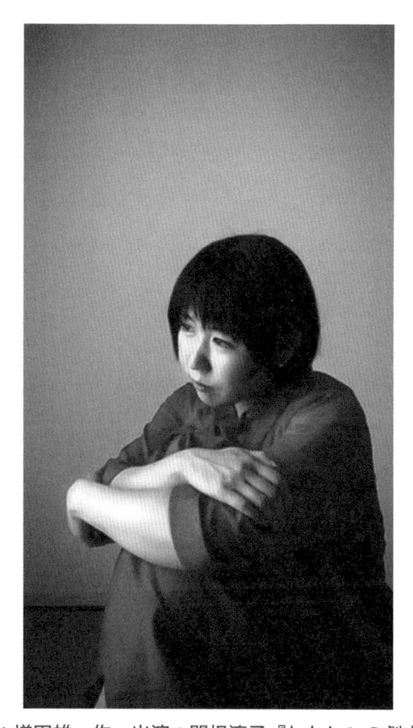

原作：増田雄、作・出演：関根淳子『わたし』の劇中写真

澤田　この作品を作った経緯を教えていただけますか？

増田　最初は精神保健福祉士の方から、発達障害をわかりやすく説明する演劇を作って欲しいと言われて作りました。ただ、それがなかなか難しくて、依頼者に「なぜ発達障害をわかりやすく説明する演劇が必要なのか？」って聞いたんですね。すると、精神保健福祉士の方でも、自分たちで勉強してきたことと、実際に当事者の方と対峙するときに凄いギャップがあると感じる人がいるようで、つまり、自分たちが学んできたことと、当事者の行動があまり一致しないっていうふうなことがあって。それで最終的に、そもそもその「教科書」って、いわゆる「マニュアル」みたいなものですが、教科書通りに当事者を当てはめようとしていることが間違いなんじゃないかと思って、そういったことを訴える芝居にしたらどうかっていうふうなことを提案させていただいて、それで作品のストーリーができた。それを精神保健福祉士の方が否定するわけでなく、「それ面白いです！」っていうふうに言ってくださったので、それをそのまま演劇にさせていただいた感じですね。

澤田　「発達障害」っていう名前がついていると、マニュアルというか教科書に症状とか特徴とかが書かれていて、座学で学んだ人はその知識があって、初めて当事者に接する時にはその知識のフィルターを通してその人と接するって事が起きてしまうことがあるけど、支援ってそうじゃないよねって話ですよね。

増田　そうです。そうじゃないよねっていう方が当たり前だと思いますけどね。

澤田　その人が発達障害という診断を受けているということで、支援する人が発達障害についての知識に頼りすぎてしまい、当事者に「発達障害」というフィルターをかけて接してしまう、つまり、その人をマニュアルや教科書に当てはめて考えてしまうことが起きるということですよね？

増田　これもまた当たり前のことだと思いますが、人間はどうしてもそうなってしまうと思います。人と接するときに、結局、経験や何かの情報がないと、怖いですよね。だから、何らかの「とっかかり」を見つけるたくはなる。僕自身もこんな芝居を作って演じていますけど、絶対に何かしらのフィルターを通して誰かをみているし……。この芝居をやることで、あ、確かにとらわれているなっていうのを自分自身でも再確認することが多々あります。

澤田　私がこの作品を観ていて思ったのは、発達障害の当事者が……、実はこの作品の主人公は発達障害であるとは作中で明言されていないんですけど……、この作品の主人公が「マニュアル」を手に入れて、その主人公自身が「マニュアル」というフィルターを通して社会をみている訳ですよね。それによって、自分と社会がチューニングされるっていうようなことが起きて、前半ではマニュアルに頼ることで居心地は良くなるけど、マニュアルに頼りすぎていると何

東京大学で『私』・『わたし』オンライン上演会を行った時の告知ポスター

のために自分が存在しているのかということが揺らぐというのが後半かと思うんですが、これは発達障害に限らず、「マニュアル」的に社会と適応しすぎてしまうと自分の存在意義がわからなくなってしまうという、これは発達障害の当事者に限らず起きることじゃないかなって思いました。

増田　マニュアルに頼ってそのまま上手くやっていける人もいっぱいいると思うし、まあ、「上手く」なのかどうかわかんないですけど、そのまま、「マニュアルに従ってその通りに生きてれば楽だ。」って言っている人達も結構いるので……、

澤田　そして、この作品の後半から最後かけて残る「違和感」っていうのが実はそれが個性だったりするはずだということですかね？

増田　「はずだ！」ってことをドーンと、ズバッと言ったという感じですかね。

澤田　そして、増田さんの『私』に続いて、関根さんが『わたし』を作ったっていう流れですよね？

関根　はい。私は2018年くらいに自分のそれまでやっていた一人芝居を当事者演劇と呼ぶようになりました。つまり、何かの当事者性について、当事者自身が出演をして演劇やダンスの作品にして表現しているというのを当事者演劇と呼び始めました。私は当時、『鬼子母の愛』という、孤立育児と虐待加害未遂の当事者演劇をしていたのですが、2000年代から当事者演劇のカテゴリーに入る面白い作品が増えていて、当事者演劇の中で特に質も高くて芸術作品としても面白く、コンスタントに活動している人にインタビューをして、「当事者演劇の現在」という論文にしてみようということを思いつきました。それを始めたのが2019年で、「ハイバイ」の岩井秀人さん（引きこもりとDV被害の当事者でそれを繰り返し演劇にしている方）と元「ダムタイプ」のダンサーの川口隆夫さん（自分のセクシュアリティやライフヒストリーをダンス作品にしています）、あと、発達障害の芝居を作って評判が良かった増田雄さんにインタビューをしました。2019年7月ぐらいに増田雄さんの『私』を観ることができました。作品としても企画としてもすごく面白くて、まずは演劇作品として作品、演技に魅了されましたね。その頃、私はアスペルガー症候群の診断を受

けて10年ぐらい経っていて、それをカムアウトしないで自分だけが自覚して暮らしているという状態だったけれど、増田さんは発達障害というテーマでこのような演劇を作って、もう何年も活動していたので、これはもう、「やられてしまったな」と、「あー、こういう事やりたかったけどやられたな」と思いました。増田さんの『私』のアフタートークで、繊細で気にしすぎで人間関係につまずきがちな若い女子が、その女子ならではの悩みを増田さんにぶつけているところを目撃して、女性に向けた、また、主に人間関係につまずくタイプの発達障害者の話もあった方がいいんじゃないかなと思いまして、それで、インタビューの後に増田さんに、このオリジナル版をもとに女性版を作ってみていいだろうかということお願いして、その場で快諾をいただきました。

澤田　それで私がその作品を観て、大学の企画に持ち込もうかなと思った訳です。この作品を通じて、発達障害に対するスティグマが変わるのではないかなということや、同じような悩みを持っている人はこの作品をみて、自分だけが悩んでいるのではないと、孤独感が少しでも解消されるのではないかと思いました。しかも、コロナ禍でもオンラインでの開催であればできるイベントではないかと思って企画を行いました。最初は関根さんの作品だけでもいいかなと思っていたんですけど、増田さんにも協力いただき2本並べて上演出来たっていう流れでしたね。ありがとうございます。

関根　2本並べて観るのはとても良かったですよね。

増田　違う面白さがありましたね。

澤田　2作品とも構造が全く一緒ですよね、ストーリーの大筋は同じで、一人芝居ということも一緒だけど、『私』と『わたし』はストーリーの展開が変わったり、作品の全体の雰囲気も違ったりして、同じテーマでも個性によってこれだけ違うっていうのが、作品を通してメタ的に表れていて面白かったですね。

関根　そうですね。同じことが起こっても、受け取り方とか反応とかがすごく違うし、同じセリフを言っていても、体の状態はむしろ逆みたいな所もあるので、本当に人によるなっていうことが直感的にわかりやすいですね。

澤田　例えば、教科書的な症状として「コミュニケーションの苦手さ」一つとってもどう表現されているかが全然違うわけですよね。作品のコアの部分である、マニュアルを介して人を理解するというのはちょっと変だよねっていうのが2作品並べるとよりわかりやすいのかなって思いました。

この2作品の良さは視点を提示しているところだと思いました。生きやすくするために、教科書やマニュアルを利用する方法ももちろんあるけど、そうじゃない、その前に個人っていうのがあるっていう視点をすごくありありとバーンと生々しく出していると思います。「マニュアル」を利用するっていう解決策はあるけど、それでは救いきれない部分があるよねっていうところがすごく大事で、生涯を通じて解決していかないといけないというテーマを提示している。

増田　アーティストってそういうことだなとは僕は思います。僕が好きな言葉に「ターナーが 霧を描くまでロンドンに霧は無かった」っていう言葉がありますが、ターナーが霧を描くまでロンドンに霧っていう概念がなかったっていう……、日常にあるものなのにみえていない、当然すぎてみえてない部分に焦点を当てるのがやっぱりアーティストなのだなと思っています。この作品の「マニュアル」っていうのはもう日常にすごく溢れていて、それを具現化したっていうか、そういうことを芝居化したと言うだけです。「こんなことがあるんだよ、気づいている？」いうくらいの、これって面白いよねとか、怖いよねとか、綺麗だよねとか、そういったことを提示するのがアーティストなんじゃないかなと思っています。

澤田　一方でこれらの作品は「答え」は提示していないですよね。ただ、こうすると生きやすくなるとかいうことは全然答えていない。大学の企画で作品をみた後のアンケートで「結論がないのが不満」っていうのが結構ありました。

関根　そういった感想は、私も別の所で上演した時にもらいました。

澤田　これ結論はないですよね？

増田　結論があったらマニュアルなので……。

関根　お芝居を観て、結論がないところまでは受け取ってはくれているとは思います。増田君がさっき言ったみたいに、この作品は今まで光を当てられてないところを取り上げて、今までと違う概念を提示しています。つまり、今まで発達障害として十把一絡げに、「障害者なんでしょう？」ってなんとなくわかった気になっていたものとは違うものを提示しているので、観ている人に今までの既成概念が壊れるということが起こるんだと思います。理解したつもりになっている方々、理解して仕事をしていると思って、日々、支援を行っている方々、役所の方々にとっては既成概念を壊されて不安定な状態を作り出すと思います。観た後に。

増田　そうだよね。

関根　だから、その気持ち悪い状態で、「結論があると思ったのに」、と一旦ガッカリはすると思う。そこから戻ってくるかどうか。「結論がなくてクソみたいなものを観させられたぜ」みたいになって、離れていく人もいるかもしれないけれども、「結論がない」っていう状態を作ったのは作品としては割と成功というか、混乱させたのは成功じゃないかと思う。

日頃、発達障害の方を支援している役所の人がこの作品を観た後に、「とにかく個別性があるにせよ、AIとかでマニュアルが改良されればいいと思う。とにかくこれを当てはめておけばみんな解決する、支援される側もする側もスッキリ解決して、支援される側は就職するなり、結婚するなりして、解決するというマニュアルがあった方いいと思う」って感想を言われたことがありました。その方の思っている枠組みの中では、「解決する」という定義は、就職なり、結婚なりして、健常者と同じように生産的な立場になって、それ以上の支援を必要としない状態、健常者と区別がつかなくなるってことを言っているらしいということがわかりました。私はここ数年この芝居をやっていて、みんなが支援なく健常者と同じレベルの健康さと元気さで健常者と同じ程度の社会へのコミットや貢献をするのが幸せであるっていうこと自体に疑念があります。私は様々な支援を受けて、だいぶコンスタントに働けるようになったけれども、じゃあ色々な支援を受けることなくフルタイムで働けるようになった方がいいのかと。支援を受けつつ週に3回ぐらい働き、その中で作品を作る私でいてはいけないのだろうか、今はそれぐらいの私でいたいなと思っています。

話を元に戻すと、増田さんが精神保健福祉士の方から、「マニュアル」と現場の発達障害者たちのギャップがあるので、そこを埋める演劇が欲しいと頼まれたということに対して、バリっと解決っていう感じにはなっていないけど、この作品を観た人を混乱させたり、「結論ってないのかよ」って思わせたり、当事者とケアラーあるいは役人とかの対話の場が出来ている時点で当初の依頼以上に役に立っていると思います。

増田　あんまり不満足って言うか、フラストレーションだけ溜めて帰らないでほしいなって思いはありますけどね。でも、この混乱が面白いって思って欲しいなっていう気持ちですね。

澤田　芸術家の役割は今まで見過ごしてきたものにスポットライトを当てること、それはともすると混乱を起こしてしまうかもしれない……。今回の作品はまさに当事者であり芸術家でもあるお二人がスポットライトを当てて、観る者は揺さぶられたかもしれません。作品の中で答えはないけれど、対話が促され、みんなで考えるきっかけになったと私は思います。今回はお話を聞かせていただいてありがとうございました。

5. まとめ：CO-ENプロジェクトに向けて

サイコドラマ、ドラマセラピー、アプライドシアター：応用演劇の実践に参加した中で、演劇・ドラマの大きな効果の一つとして、参加者は演劇・ドラマという架空の世界の中で普段の役と違う役を引き受けることで普段と違う視点を得ることができたり、自分や他の人の違う側面を見つけることができたりするという点が挙げられると感じました。特に役を通じて自分自身の新たな側面を改めて発見することは、私自身も実践を通じて何度も体験したことです。特にサイコドラマでは自分の役を他の人が演じ、自分は他の登場人物の役を演じる、あるいは、自分の役や他の登場人物を自分以外の人に演じてもらい、自分は外からそのドラマを観るという役割交換ということを行うため、視点を交換して、自分からみた視点以外を得られることが感覚を通じて行うことができると考えられます。また、他の人の新たな一面を発見することもありました。ドラマセラピーのインタビューで尾上先生が指摘されている通り、ある人のある場面の姿（例えば診察室の中の姿）はその人の一面をみているだけに過ぎず、日常生活でのその人の姿や他の場面でのその人の姿というのは多様であり、ドラマを用いることでその人の様々な姿をみること、発見することを促す作用があると思います。

当事者演劇のインタビューで増田先生が述べたように、演劇・ドラマだけでなく芸術は普段焦点が当たっていない部分を照らすことを行なっており、それまでにみえてこなかった物事や色々な問題を様々な視点から多角的にみることができるようになると考えられます。

先行研究でも芸術のもつ力により私たちの健康および社会的ケアシステムが直面している多くの差し迫った問題（例えば高齢化の問題、慢性的な健康問題、孤独、メンタルヘルスの問題やメンタルヘルスリテラシーの問題や精神疾患に対するスティグマの問題）の解決に大きく貢献できる可能性が示されています。芸術を通じた視点を用いると、そのような問題を分析し、議論することができ、そして、そういった分析や議論によりに自分がどのように感じ、どのような知識を得て、どのように行動すべきかを明確にすることができるということが言われています（Evans M, Louhiala P, Puustinen R., *Philosophy for Medicine: Applications in a Clinical Context*. Oxford: Radcliffe Medical Press Limited; 2004.）。また、そういった問題を考えるにあたって、人文科学やアートの目を通じて考えることで、他者の気持ちを理解し、他者の視点から問題を扱うことができる（Kenneth C. Calman. The arts and humanities in health and medicine. *Public Health* 2005; 119: 958-959）と言われています。

精神医療においても様々な未解決問題を抱えていると思います。芸術の力はそういった様々な問題を直接解決させるわけではないですが、芸術の力により共に感じて、共に考え、お互いに癒され、励まされ、エンパワーされて、解決の道を探るための起爆剤となりうるのではないかということが今回の結論の一つです。

　私は今後、そのようなドラマ・演劇の力を精神医療に役立てるための実践・研究を続けていきたいと考えております。そういった実践・研究のプロジェクトとして、CO-ENプロジェクトと名前をつけて活動を続けたいと思います。

　CO-ENの名前に込めた想いを実現させ、個人だけでなく、社会全体がより良くなるような実践・研究が実現できるように考えていきたいと思っています。

CO-ENプロジェクトの名前の由来

第４章

座談会

アートの力と芸術療法の可能性

大塚尚、鬼塚淳子、澤田欣吾、渡邉慶一郎、小佐野重利（司会）

芸術療法はなぜ必要なのか

小佐野：ご執筆いただいた、大塚さん、鬼塚さん、澤田さんには、まず同じ質問をしたいと思います。皆さん、いわゆる芸術療法に三人三様にご関心をお持ちになっている。そしてその実践をなされている。一方、普通の学生相談、支援、診療では、一般的な個人面談とか診療が中心になっています。それに対して、集団精神療法の芸術療法がどうして必要だとお思いになったかをお聞きしたいと思います。大塚さんからお願い致します。

大塚：はい。あらためて、はて何でだろうと考えますと、ベースとして子どもの頃から図画工作が好きだった、絵を描くのが好きだったというのがあると思います。ただ、なにゆえ芸術療法にというと、私の場合は、特に芸術療法に限定するわけではなく、非言語、ノンバーバルというところに、少し関心が続いていたのかなと思っています。

特に今なぜ実践に踏み切ったのか、というところに関しては、やはり現場でカウンセリングをしているなかでの実感がすごく大きいです。現場では、言葉とか思考だけでは足りないと感じる場面が多々あります。非言語とか、イメージとか、言葉にならない部分でも人間はいろいろな活動をしているし、それが人間を支えているにもかかわらず、最近の心理学とか精神医学とかの支援の領域では、どちらかと言うとエビデンスというのがすごく趨勢になっていて、何

大塚尚

となくそこへの危機感というか、危惧みたいなものがあって、大切なものが失われている部分があるんじゃないかなとも思っています。

というのも、実際に現場で会うケースでも、最近は、「薬で良くなるんだったらさっさと薬で良くなりたい」とか、「脳でどうなってるんだという説明を聞けば納得できる」というような声を結構多く聞きます。けれども、その傍らで「自分がわからない」とか、「自分が何を感じてるのかわからない」というところで苦しんでいる学生さんとか若い人とかもすごく多い。その人たちと一緒に面接を重ねるなかで、ふと何か一筆描いたものとか、ふと浮かんだイメージとかから、その人自身が力をもらって、少しずつ元気になっていくみたいな体験というのがすごく多いですね。そういうところを考えると、非言語、言葉によらない関わりというのは、すごく大事だなってあらためて実感して、より興味を深めています。

あともう一つ、数年前から自殺予防のことにも関わっていて、そこでもいろいろな人たちとの繋がりの中で、支援とか調査研究とか、どんなアプローチができるか、ずっと考え続けているんですが、やはりこう、アプローチの中心が医学モデルや教育モデルで、自殺をどうしたら予防できるか、エビデンスと効果のあるアプローチを、という流れが強いように感じています。確かに、自殺予防教育をしたり、何かしら統計的な根拠があるアプローチをしたりというのは大事ではあるのですが、そこでも実際に若い人の声を聞いてみると、それだけでは片付かない問題があると感じます。

例えば、自殺のことについていろいろと実体験を尋ねたインタビュー調査では、周りの人ですごく苦しくなっている人というのがいっぱいいるけれども、それこそツイッターで「死にたい」とか、そういうようなことを言っても、「なんか見て見ぬふりしちゃう」とか、「何も感じない」みたいな若い人も結構いるということがわかってきている。そういう人たちから、「統計でどうとか、効果がどうって言っても、すごく虚しい。結局（俺たち）数字かよ」っていう声が結構聞かれてですね。そうじゃなくて「やっぱり心に響くとか、心が動くことがないと、変わっていかないんじゃないか」みたいな声があって。そういうなかで、やはり言葉とか思考を越えたところで心が動かされる活動として、アートとか芸術の可能性というのが、すごく大きいんじゃないかと感じて、実践に踏み切っているところかなぁと思っています。

鬼塚淳子

小佐野：ありがとうございます。鬼塚さんはどのようにお考えになっていますか。

鬼塚：芸術療法という領域に足を踏み入れた経緯については、本書のなかで詳しく書かせていただいているので、省略しようと思います。

私が美術教員から心理のほうに足を踏み入れて、そこで、まだ心理療法家のひよっこの時に実際にお会いしたクライアントさんの、私のイニシャルケースから二つ目までが、ご自身が絵をずっと描き続けていらっしゃる方に、偶然出会いました。お一人の方は重篤な精神疾患をお持ちの方だったんですけれども、自分で表現をすることによって、単になくなりはしないけれども、本当に苦しいところを乗り切っていけるっていうような、ご自分の中の力？　そういうものが出てくるのを、ずっと何年も見させていただきました。個人の芸術療法も、自己表現がすごく役に立つ場合がある、というのが元々のきっかけです。

なぜ集団なのかに関して言うと、前任校で授業を行った時に、発達障害の学生さんと精神疾患の学生さんたちと健常の学生さんのクラスと居場所を一緒に作っていたんです。その時に一対一だと、作用が往復しかないのですが、それが3人になり4人になると、相互作用の線がいっぱい増えていく。その分、苦しいことももちろんあるのですが、ご自分にとってのエールというか、元気というか、それを皆から貰えたりもする。本当に集団が苦しくなった時には、自分からちょっと距離を置いたりということが、発達の方でも精神の方でも自然にできるようになっていく。これは、個人、一対一の面談のなかでは、絶対にそんなことは起こり得ない。グループの力はものすごく、何て言うんだろう、治療の場というよりは、社会性を上げる、生きる力を上げていくということに直結してる、ということに気づきました。

それから、もちろん学生相談所の一対一の面談の中でも表現とかを使いますけれど、私はより集団の方にすごい関心を持っているということです。先程大塚さんもおっしゃいましたけれど、精神療法・心理療法領域のエビデンス優位さが増していくことで、どんどん個別性や、主観的なものが排除されていくなかで、データに入らない、大多数アンケートを取ったりテストを取ったりしたらあるカテゴリーに入るけれども、そうじゃない、分類に入らない人たちのことを丁寧に見ていくことで、こちらもクライエントの様子もよくわかるし、治療全体に対しても、いろんな多様な見方ができて、あっ、そういうことだったのか、というふうに気づいたりできる。

なので、もちろん言語・非言語というのもありますが、確かさを追求することと、対比して不確かさのようなことを大事にするということで、不確かさの方が芸術療法とか表現療法が持っているすごい大事なところで、それを確かにするというよりは、不確かなまま自分が、自分てこうなんだな、ということを本人が主体として、自分自身を理解するというか、わかるような、輪郭が見えてくるとか、そういう事のためにあるんだろうなというのが、最近いろんなことを考えて、行き着いているところかなぁと思っています。

小佐野：はい、よくわかりました。お二人は、主に絵画、描くということ、或いはそれを鑑賞するということに関しての芸術療法というものの意義をお話しいただいたと思います。もうひとかたの澤田さんは、演劇、演じるということの持つ集団精神療法上の意義というんですか、それに早くに目覚めたということですが、その辺のところをお話しいただけますか。

澤田：はい。どこまで話していいか、どういうふうに話したらいいかと、迷うところですけど……。

澤田欣吾

私は精神科医になる前に、演劇で生きていこうと思っていたんですね（笑）。でも、元々それは反動的なものでした。高校2年生くらいまでは、勉強、特に受験勉強が全てみたいな人生を送っていましたが、高校2年生の秋ぐらいから、受験勉強をまったく止めてしまいました。それまでは受験勉強を頑張ってやっていれば幸せになれるという風に言われ続けていたんですが、高2の中頃に、全く今幸せじゃないと気づいてですね（笑）。いつになったらどういう幸せになるんだ、ということを聞いたら、いや、意見を言うなら勉強が誰よりもできてから言えって言われて。それまではやりたいこととか、友達と遊ぶこととかいろいろと犠牲にしていたんですけど、全く幸せじゃないなと思って。で、高2の秋くらいにやりたいようにやって、友達と遊びたい放題やったら、ものすごく幸せを感じたんですね。それで、今までやってきた受験勉強は、すべて無駄だと思って、勉強を一切やめてしまってですね、遊び呆けていたんです。そうすると遊び呆けているうちに気づいてきたのは、勉強は無駄というよりも、遊んだり、何かの役、ここでいう「役」というのは演劇的な役というよりも役割の役の方が近いと思うんですが、役をとっていくうちに、何か必要なものがあって、例えば、人とコミュニケーションしたいから国語を学ぶし、海外から来た人と遊びたい場合は英語を学ぶし、もっと複雑なものを作って遊びたい場合は、物理を学ばなきゃいけないし、というようなことがあって初めて勉強に意味がある。つまり、人間の活動の大元には遊びがあって、そこの中から役割が出来てくる。

それで、何か人間は物事を学んだり、いろいろなものを作っていったりするんじゃないかというのを高2くらいの時に直感して、でも大人たちには決して言わずにいたんですね。それで、高3の時はますます受験勉強しろ、特に医学部に行けって言われるようになったけど、自分はその勉強が必要な段階に来ていないと感じて、ますます勉強しなくなって、人生やけくそみたいになっていたんですが、幸いにも東大に受かってしまったので、覚悟を決めて大学で何かやりたいこと見つけようと思いました。

それで、やりたいことに一番近かったのが演劇っていう学問というか、営みだったんですね。いろんな自由なストーリーを作って、そのストーリーに必要なものを皆で考えて、その中で知恵を持ち寄ってというのに、すごく勢いを感じたわけです。ですが、自分には演劇を生業として生きていく才能も能力もなかったのであきらめて、じゃあフリーターになるかと思ったけど、フリーターもなかなか厳しいと思ったので、医学部に入り直そうと思って、医者になったと（笑）。というような流れなんですね。なんで医者になったかというと、元々高校の同級生たちが医者になっていたのを見て、食いっぱぐれがないみたいに感じて、全然優等生じゃない動機で医者になったんですが、医学の勉強をしているうちに、精神医学の領域と演劇的な営みとかと扱うものがすごく似ているなと思ったんですね。人の心を全人的に扱うとか、人の役割とか、相互作用とか、そういうものをも扱っているなと思いました。最初は精神医学と演劇を結び付けるつもりはなかったのですが、そういった類似点から精神医学に興味を持って、精神医学の道を進んで行きました。その途中で、サイコドラマなど、演劇を利用した治療法があるというのは耳にはしていたのですが、一般的な精神科医が学ぶものは、個人療法が先だということで、まず個人治療を始めて、ごく普通の精神科医としての修業というか、勉強をしました。精神保健指定医や精神科専門医を取って、大学院も卒業しました。

そういった経験を通じて感じたこととしては、個人治療もまだ全然明らかになっていない部分が多くて、研究する価値のあるものだと思うし、重要なことだと思います。しかしながら、お二人が仰ってた通り、個人の治療が上手くいっても、その後上手くいかないという人が多いなという印象を受けたんですね。集団や社会の中で、病気は回復したんだけど、じゃあ自分は何をしたらいいのかとか、自分が何の役に立つのかとか、そういった事を考えたときに行き詰まってしまう。大人になった私たちは、本当に遊びがないというか、自由な発想が失われていて、当たり障りのない現実的なことに落とし込んでしまいがちになる。それで演劇の力が使えるのではないか、つまり、演劇で役を演じるという体験をすると、発想が自由になるんじゃないかなと思っていて、それを集団や社会の中で上手くいくための力に利用できないかと考えていました。そこで改めて、ドラマセラピーやサイコドラマを実際に体験して、そういう考え方に近いようなセッションがあることを知って、集団としてのアプローチとして、演劇を利用した集団精神療法に意義を感じるようになったという感じです。

渡邉慶一郎

小佐野：ありがとうございます。三者三様、芸術療法に関心を持たれた経緯、動機をお話しいただいたわけですが、個人診療、個人療法の問題も、その中で浮き彫りにされておりますよね。その辺について、もう一人の精神科医である渡邉さんは、どうお思いになりますか？

渡邉：僕は、とにかくその、元気にならないようなクライエントが多いと感じています。それにもかかわらず、これまでと同じやり方、つまり自分が持っている技法でしか戦えないというのはもどかしくて。

僕は石井哲夫という人を崇拝していまして、石井哲夫は東大の文学部から自閉症療育に行った鉄人なんです。その人がサイコドラマを提唱していて、サイコドラマを自閉症の方とか、それから支援するスタッフに研修としてやっていたんですね。それで興味を持って、自分も研修を受けてドラマの主役にしてもらったり、初心者用のコースで勉強するとすごく心に響いてですね。僕が、これがすごいと思ったところは、主体性にダイレクトに働きかけるというところです。

不安とか抑うつとか、不眠とか、そういう症状レベルでは精神科の医療は太刀打ちできるんだけど、主体的に生きるところまでは届かないんですよね。ですので、もっとやる事があるんだと。芸術という切り口、或いは集団という切り口に素朴な憧れを持っています。ちょっと簡単ですけど、以上です。
小佐野：皆さんそういう関心をお持ちになるそもそものきっかけですが、大塚さんが原稿の最初の方でお書きになっていますが、要するに絵を描くことの起源というのは、言葉で書く、或いは表現する、それ以前からあったものだと、いうことですね。したがって、絵画創作の起源について、或いは、描くことは人類固有の特性と言えるのか。その辺について、まず大塚さんどうお思いになりますか？

表現することは人類固有の特性か

大塚：はい。さっきの鬼塚さん、澤田さんの話でも結構出てきていたなと思いますが、鬼塚さんが「不確かさ」と言っていたり、澤田さんは「遊び」って強調されていて、何かそこら辺が、この芸術療法を考える時にものすごく大事な事なんじゃないかなと個人的には思っています。例えば、動物でも遊びはするじゃないですか、じゃれあったりとか。で、チンパンジーが絵を描くと言うと、何かしら技能的に描くことはあるかもしれないですけど、アートとかイメージとかを使って遊ぶというのは、かなり人間固有のものなんじゃないかなとも思います。そこにいろいろなメタファーを入れたり、象徴があったり、ファンタジーを共有して遊んだり、さらにファンタジーを一緒に作り上げていくみたいな。最近、コ・クリエーションというふうに表現されたりもしますが、人間の場合は、それが生きがいになったり、寄る辺になったり、何かこう、自分の生きることを支えるというところまで、影響や力があるというのは、やっぱり人類固有なんじゃないかなと。

　動物が遊んで何かファンタジーを共有して、それで生きてて良かったぁみたいに感じるかというと、ひょっとしたら感じてるかもしれないですけども、何かそこら辺は人間ならではの部分なのかなと感じます。
小佐野：そうですね。今チンパンジーの話も出ましたが、もう十数年前からかな、京都大学の霊長類研究所（現在の、野生動物研究所ほか）で、チンパンジーが絵を描く。教えて、そして描くようになると。しかし、1時間もしないうちに飽きてしまって、もう見向きもしないという。それがまあ、チンパンジーの絵を描くということで。

今お話しになったように、人間の場合は、或いは人間の本能的なもので、遊びとか、何かファンタジー、或いはイコンみたいな、象徴的なもの、こういうものに早くに人類は関心を持っていたということなんでしょうね。そこがだいぶ違う。それで、脳科学、神経科学でいえば、それは報酬系回路の話です。脳の報酬系というのは一番簡単なのは、動物的な食べるとかに関係する。ですから、猿に曲芸を教えるのに、或いはイルカでもいいですが、必ず後に報酬として餌をやるという手を使うわけですね。

でも人間の場合はそうではなくて、もっと抽象的なもの、今言った遊びとか、何か新しいものを、創造性と言うんですか、こういうものに興味、まあ、食べ物よりも一段上のものとして感じる脳の仕組みというのが、おそらくあるんじゃないかと思います。だから、そんなようなところが今日のお話の、描くとか、或いは演じるということになると思います。

今日の御三方にはない話ですが、要するに音楽もそうですね。早くに動物の鳴き声とか、それを学ぶところから人類は、音階とか、調べを生み出していったわけですね。だから今日の話題に入ってないけど、音楽療法というのも芸術療法のうちとして重要なのかもしれない。そういうことですね。その辺については、澤田さんはどうお思いですか？

澤田：そうですね。私は音楽あまり専門でないので、難しいですけども、なんというか、視覚的・聴覚的な遊びがあるというのが、芸術の第一歩なのかなと思ったりしています。人間はなぜ視覚や聴覚で遊ぶのか？　おそらく鳥とかも、そういった音やダンスを扱うと思うんですけど、本能と結び付いていたり、情報伝達のために用いたりすると思うのですけど、人間は楽しむ、音や絵を楽しむというのは、どういったことなのか私も興味があります。

小佐野：そうですか。鬼塚さんは何かその辺について。

鬼塚：音楽療法とか、他の芸術療法についてですか？

小佐野：お試しになったことは、ないわけですか。

鬼塚：いや、私の場合は、先程の絵を描くという芸術療法だけではなくて、何でもとにかく表現をするということを、表現療法というふうに捉えています。その中に芸術療法、絵画も含まれているということで、先程話したグループの中ではいろんなことをやりました。

もちろん、遊びも含みます。子どもの頃の遊びをやったり、皆で歌を歌ったり、皆で音を出したり、あのボディー・パーカッションのように音を身体で出したり、とにかく皆がこれが面白そうだみたいなことをたくさんやって、それも含めて自己表現というふうに捉えると、なんでも○○療法と付くもの全部、芸術療法に含まれるのかなと思っていなす。

何でそういうことを取り入れるというか、そっちに関心が向いたかというと、芸術療法という言葉の敷居が普通の方には高いというか、小っちゃい頃に絵を褒められなかった人、嫌なトラウマがある人は、それを使って自分を表現すること自体が難しいんですね。なので、例えば歌を歌うのが好きだとか、身体を動かすのが好きという人は、その自分に合った表現の仕方をすれば、それは同じ横並びで、フラットにできるということが一つです。

それで、先程から出ている遊びというものに関して言うと、私たちは社会生活を送っていると、やらなければいけない事、守らなければいけない事がほとんどですね。とても多い。そればかりやっていると、皆鬱になっていくと思うんです。そうじゃない、自分を日常からオフにするスイッチみたいなところが、その遊びなのでは。

それから遊びもですけど、芸術療法のなかで大事だと思っているのは、熱中とか、忘我、我を忘れるというような、白になる瞬間みたいなことが、ホントに自分の、何と言うんだろう、元気を取り入れる空間を作るというか。だから空きができる。そこにようやく元気が溜まっていく。日頃はそれがないから、そう元気を溜める器がないというか、入れ物がないというか。だからそういう意味で、忘我、熱中、遊び、それから身体性みたいなこともすごく大事。いつも頭で考えて、手を動かすってキーボードを打つくらいですよね。じゃなくて、筆を持ったり、クレヨン持ったりもですし、ダンスだったら自分の身体を使って、そういう身体性を通した体験、体感みたいなことが、その先程の器を作る上ですごい大事な役割を果たしている。そこが繋がっているのかなというふうに感じています。

小佐野：わかりました。

大塚：ちょっとだけ伺ってもいいですか？　小佐野さんがおっしゃってたように、動物がこう、ご褒美をもらってみたいなことではやるけれども、人間の場合ってなんか夢中になって熱中してるものに対して、逆に褒められたりとか、賞を貰ったりとか、そうすることですごくいやになっていっちゃうというか。

鬼塚：あぁ

大塚：そういうのって、鬼塚さんの経験でもすごくあるんじゃないかなと思って。鬼塚さんが書いているなかで、ワルたちがいきなり表現を始めるという話しで、そこでも「すごい上手いじゃない！」とかって言って、評価をしたり求めたりするような雰囲気だと、たぶん違ったプロセスになってたろうけれども。そうじゃなくて、単純に自己表現する行為、過程、それ自体がすごく意味があって、それだけでもう十全としているというか、そこがやっぱり、ちょっと人間独自なんじゃないかなと感じていて。

鬼塚：ありがとうございます。さっきその、絵を描くことが人類固有のものかという点で、ちょっと思ったのは、人間ももちろん、他の動物でもさっきおっしゃったように、ダンスしたり声を出したりいろいろするんですけれど、それはすごい本能的なもので、人間が違うとしたら、人間は表現することによる、さっき言われたご褒美というのは、たぶん自分との会話のようなものがあって、それがちょっと本能的なものとはレベルがもう一つ違うというか。自分の中に気付きがあったり、人が表現したものを見て、あぁって感動したり、メッセージを受け取ったり、そこに対話が起こることで、自分の中にご褒美を貰えるのかなと。なんかそれは活力であったり、気付きであったり、いろんな形、示唆だったりすると思うんですけれど。だから、でもそれは言葉では説明がつかない、けど皆それがあるっていうように感じていることは確かだと思うんです。

それが、その不確かなんだけど、確かであるということが、芸術とか表現の持っている、他にはないものなのかなと思いました。

だから、さっきのワルたちが熱中してたのは、決して私に褒めてほしいからではなくて、なんかその事を、うわっ面白そうだと思ってやってみて、すごいただ単に集中してたっていう、そういうこと。それは自分に対するご褒美が知らないうちにやってきてる、ということかなと思います。

芸術療法はどれだけ有効か

小佐野：今皆さんにお聞きしたことをまとめてみますと、人の精神に、描くとか、見るとか、演じるとか、こういうことは非常に有効な、というか、意味を与えていると、まあ活力でもある。そういう事が、皆さんのお話からよくわかりました。それは一般的な話で、人全部に当てはまる。

次に皆さんには、臨床心理士、或いは精神科医として、職業として、いわゆる患者にあたるクライアントを診ていく上で、この集団の精神療法である、アート、芸術療法というのが、どれだけ有効かということをお聞きしたい。

なぜかというと、先程渡邉さんの方から出ましたが、失敗例というのもあるし、大塚さんのお話からも、投薬という、薬に依存させる、或いは薬で対応して、治させる方法、手法、処方と言うのか、そういうものが、一方ではあるわけです。皆さんがご関心のある集団療法では、疾患があって、それを治療するというんですか、療法としてどれだけ有効性があるかということ、ちょっとその辺をお聞きしたい。それでは澤田さんにお願いできますか。

澤田：疾患に対する有効性については、有効性を明確に示すと言うことは私としては難しいんじゃないかと思っています。

というのは、例えば演劇において、演劇のレベルというか、段階というか、「ごっこ遊び」とか、「遊び」の段階から、いわゆるプロの演劇という、レベルや段階の違いがあると思うんですね。

レベルというのは、その人の技能・能力というよりも、例えば「ごっこ遊び」などは、幼稚園の子供が遊ぶような、プリミティブなレベルと思いますが、人に見せるための洗練された演技をやるというようなものとは段階的に違うと思うんですよね。そのどこの段階をどういう人に与えるかというのが、とても大事なんだと思います。

例えば、子供の時のように自由な発想が出ない人にとっては、「ごっこ遊び」から始めたりとか、或いは演劇じゃないものでもいいかもしれないですね、型にはまらずに発想を刺激するようなプリミティブなレベルの方に発見があるかもしれないし、また別の例では社会生活を送る上で、作法的なところが苦手で、そこにつまづいているというような人は、もうちょっと洗練されたドラマセッションに寄せた方が効果があるかもしれない。

そう考えた時に、例えば疾患に対する治療効果というのを考えた時に、例えばうつの人に、一律に例えばサイコドラマをやったらどう良くなるか、或いはドラマセラピーをやったらどう良くなるか、というふうに効果を検証してしまうと、それぞれの人の課題の段階が違う訳で、うつの方でも、うつから回復して社会復帰をする時に、自由に発想するのが苦手で社会であんまり上手く生きにくいのか、社会でもなりふり方がわからなくて上手くいかないのか、たまたま病的になっただけで社会では上手くいってたなどの状態や段階によって、必要なものが違ったりすると思います。集団精神療法や芸術療法によって疾患がどれだけ良くなるかという観点からいくと、同じ疾患でも段階の差があったり、人によって必要なアプローチが異なったりするので、集団療法の効果というのは評価がしにくいんじゃないかなと思っています。

一方で医者や研究者として、どれくらい治療効果があるのかというのは明確にしないといけないと思います。疾患というよりも、その人が必要としているニーズをくんで、例えば子供のような自由な発想力を刺激してあげた方が良いとか、もうちょっと現実的なものが良いとか、洗練されたものの方が良いとか、疾患とは別のその人に必要なニーズを見極めて層別化をしてそれにあった治療法やアプローチを選べるようにすること、またその層別化の方法の妥当性や対応した治療法の有効性を示さないといけないと思います。

一方で、先行研究とかでも、成人発達障害や、うつ、統合失調症の方に対して、社会に対する恐怖、社会に対する回避が減少し、ソーシャルスキルが改善する効果があるという報告は出ていて、それなりに効果量もあるとは思います。私の考えとしては、疾患というよりも、その人が社会に対した時にどういう所でつまずくかによって、必要なものが違ってきて、それで有効性も違ってくるんじゃないかなと思っています。

小佐野：ありがとうございます。渡邉さんはどう思いますか？

渡邉：僕も澤田さんとたぶん同じ着眼点でして、病気が治ったらどうしたいですか？　みたいな質問を患者さんにする時に、それがない人もいるんですね。生きる意欲がないというか。たぶんそういう所に、芸術が届くのではないかと思っているんです。

発達障害の人達にサイコドラマをやるという研究を何度か見せてもらったんですけど、自閉症の度合いが薄くなって、まるで自閉症が軽くなったようなデータもあるんですが、たぶんそれは自閉症自体が治ったのではなくて、自閉症の性質に二次的に加わった、いろいろな苦しみとか困難が和らげられていくと。生きる上での苦しみとか、或いは生きる希望とか、たぶんそういうところに届くのかなと思っています。

翻ってみると、そういうところに僕らは、日々患者さんとかクライエントに関わっていないのではないかという反省もあります。疾患との関係でいくと、そういうのが大きいんじゃないかと思います。ただ、抑うつのスケールとかで測ると、生きる希望が湧けば、当然抑うつみたいなものは解除されて、元気になってくると思うので、表面的には効果ありみたいな事は言えると思うけど、先程澤田さんがおっしゃったように、それが本質ではたぶんないんだなと思います。

小佐野：そうですね。普通の私達の病気と、私なんかもそうですけど、要するに一病息災じゃないんだけど、自分の持っている持病と、どう向き合い、寄り添っていくかというようなことが、精神疾患でも言えるんじゃないかと思うんですね。完治の例などは、むしろ少ないんでしょ？

渡邉：慢性に付き合うことが多い。治るのもあるんですけど、僕たちが関わる人たちは慢性の経過の方が多いと思います。

小佐野：そうでしょうね。だからまあ、そういうところを考えると、いろいろな要素が薄まっていくというのか、取れていくということが重要で、そこをもって一つの療法が有効であるという、そう考える方が良いということですね。わかりました。他に、いくつか例をあげます。

小佐野重利

　最近知ったことなんですが、精神科医の華園(はなぞの)力(つとむ)先生という、「はなぞのクリニック」を京都駅の近くで開業している先生のことです。京大を出て、いろんな所で勤務されて、2016年に開業されている方なんですが、その方が非常に、芸術的創造性ということに注目されて、特に自閉スペクトラム、要するに自閉症じゃなくて、スペクトラムというASと略称される芸術家を探し出して、研究で扱っているんですね。

　私の恩師の一人が辻惟雄さんという、文化功労者でもあるんですが、若冲について、ずっと本を書かれています。その辻先生が最近自伝の本を出されまして、その最後のところで、この華園力先生がおっしゃるように、若冲はまさに自閉スペクトラムだったと書かれています。自閉スペクトラムは規則性を重んじるだとか、細かい事を細々とやる。華園先生は、若冲の絵を見ると、信じられないくらい精緻で、同じ事を繰り返して描いているということを学会でも、或いはいろいろな講演でもお話しになっている方なんですね。だから、例えば今日のお話では、芸術家になる人までの話は、皆さんの実践事例ではなかなか出てきておりませんが、大塚さんかな、実際にほかで、デザイナーとかいろいろやってるけど、「クロマニンゲン展」の方が、自由で気軽で気分もいいというようなことを書かれていました。芸術家と言われている、歴史的に有名な人たちも、自分で自分の症状を意識しながら、それを創作によって危機に陥らないようにしていた可能性があります。

その辺のところを、例えば実際に、鬼塚さん、或いは大塚さんがヒアリング、或いは観察して、一緒におやりになった人たちについて、どうお考えになるか。そして実際に発達障害や知的障害の方もいたんですね？

鬼塚：若冲、とても、何というか、デザイン的というか、シンボリックな表現がとても素晴らしい。あと、反復という特徴があると思います。

私がずっと一緒に表現をやっている障害サービス事業所の方々は、高校卒業してから入って来られるので、年齢はバラバラですが、皆さん、芸術的才能という意味で言えば、もう爆発的かなと思います。

障害者アートの領域に関心を持ったのは、アール・ブリュットを最初に観てからなんですけど、スイスのローザンヌにあるアール・ブリュット美術館の展示が日本に来た時に観て、それまで私はデザインの経験もあり、ちょっと自分も絵を描いたりしてたんですが、何か頭を金槌でガーンと殴られたみたいになって、あぁ、もうこれは絶対に自分は行き着けない素晴らしい才能の世界だと。それから、障害者のアートの方に関心を持っています。まぁ、もちろん皆がそんなに有名にはならないにしても、皆もうそれぞれ、何というのかな、独特の、その人の型みたいのがあって、何かを見て描くけど、その人の型からは絶対脱さないというか、その特徴があるんです。今日はテーマを決めてやってみようね、と言っても、同じものを描く時はずっと同じものを描く。テーマの通りに描いてくれる時はサービス、みたいな感じで、それこそ自分の世界に没頭する。

でも、その、自分との、彼らの特徴は健常者と私が違うなと思うのは、自分の作品と対話するというプロセスよりは、それを周りの人に見てほしい、褒めてほしいという、何か純粋な欲求が強い、そこの意識がちょっと違うかなと思います。ホントに見てもらって、褒められたりすると、知的IQがすごい低い方々、かなり重度の方々でも、例えば賞を貰って貼り出されたりすると、すごく喜んで、やっぱり自信が持てる、喜びを得ることで生きる力が上がるというか、何かそういうのを見ていると、さっきのお話にも通じるんですけど、「命」が成長するということにおいて、そこに精神疾患があろうが、発達障害があろうが、知的障害があろうが、あまり関係ないのかなというふうに思っています、というのが一つと。

発達障害の学生さんにずっと接してきて思うのは、精神科診療ももしかしたらそうかもしれないんですけど、凸凹がありますよね。凹の方に注目されて、何が出来ないからこれを出来るようにしようという、スキルトレーニングみたいなものばっかりやってると思うんですが、凸の方に注目して、それを良いねと言って伸ばしていくと、本人はどんどん楽しくなって、生きる力が上がると、凹の方も一緒に上がる。それは確実にそうだし、それはエビデンスもありますが、エビデンスはあまり重要なところじゃないと思います。

生きる力を伸ばすことに、芸術療法とか、表現療法のようなことが本当にすごい力があるのであれば、元も子もないのかもしれませんけど、精神疾患あるないとか、どの療法が有効かみたいなことは、あんまり重要じゃないと私は思っていて、もっと人間のこう、底力っていうか、そういうものを上げれるというところが、他のいろんな精神療法と違うところなんじゃないかなと思っています、最近特に、はい。

小佐野：澤田さんの例のなかで、忘れていましたが、当事者演劇がありましたね。

澤田：演劇をやっている方が、疾患のある当事者という当事者演劇ですね。

芸術療法を、大学での活動として取り込むことはできるか

小佐野：今、鬼塚さんのお話にあった、凸凹の凸の方に注目して、凹の方をあげるという。これは本当に重要なことで、昔ははっきり言うと、線引きして、精神症、精神疾患の人と健常者を分ける、或いは病院もそのような仕組みだったのが、そういう線引きが今や取り去られて、半世紀近くになりますかね、早かった国では。日本でもそういうようになってきて、今皆さんがおやりになっている、或いは実践している、或いは参加した、展覧会とか、活動とかが出てきて、そのなかでは本当に健常者、定型発達者と、そうでない人を区別しないような形でグループができたり、活動があるわけです。

しかし、それを例えば、東京大学の相談支援研究開発センターで実施していくとなると、いくつか小さな例はやっておられたと思うんですが、スペースとか、場所がなかなか確保できない、大学としては。ですから、皆さんが行った時もなんとかの会とか、どこかの場所があって、或いは展覧会という定期的に行われる催し物としてあったりするわけですね。だから、本当にその芸術療法を、大学での活動として取り込むことっていうのはできると思いますか？

渡邉：スペースの問題に加えて時間の問題もあって、個別の相談の件数はもう飽和状態なので時間をとってゆっくり芸術的なことを練るという余裕がなくなっています。

そしてたぶん本質は、時間とかスペースではなくて、関わる者、支援者と言うとちょっとおこがましいんですが、関わる者の、その芸術性というか、生きる力というか、そっちが少し枯れてるんじゃないかと思ってまして、できないのは僕ら自身の問題でもあるのかなと思っています。芸術が必要なのは僕らであって、そこも結構大きいかと思っています。

そして、先程のサイコドラマやなんかの効果は、精神疾患にはダイレクトに効かないけれども、だけど生きる力を失ったり、弱くなってる人には、メンタルの問題とか、精神科の問題を持っている方が多いので、そういう人にこそ届けたいですね。まず僕らの何かを解決していくというのが、道なのかなとちょっと思ってますね。

大塚：我々自身が遊べなくなってるのが、ちょっと良くないかと思いますね。忙しく相談をこなさなければいけないみたいな風になりがちなので、そこは本当に良くないですし、是非副センター長である渡邉さんから大学に働きかけていただきたいと思ってます（笑）。

小佐野：大塚さんは、研究という次元で、アートプロジェクトを1年間やってみて、十何人くらいですか、参加は？

大塚：スタッフもあわせて7人です。

小佐野：その場合は、ズームでですか？

大塚：途中までは対面だったんですけど、コロナになって対面で集まれなくなったので、途中からズームになりました。

小佐野：そして、全員の作品を集めて、展覧会をやったわけですね。

大塚：はい。

小佐野：その展覧会への反響といいますか、それはどんな感じだったんですか？

大塚：すごく温かい感想が多かったんです。小っちゃいカフェギャラリーだったんですけど、たぶんトータルで百数十人、二百弱くらいの方が観て下さって。「こういう風に生と死に向き合ったことに畏敬の念を感じました」みたいなコメントがあったり、「見てて苦しくなることもあったけど、すごく伝わってきました」みたいな感想が結構あったりして。そこら辺って、やっぱり言葉では表現しきれないというか。我々も何かを感じたり、良い作品を観たりした時って、何だかわからないけど心が動かされるという体験をすることがあると思うんです。それを、ゼロからいくつでとか、数字で評価させられたらそれなりに付けられるけど、やっぱりそれでは測りきれない体験もあるので、そういうのを大事にしているというスタンスを、我々のセンターとしても打ち立てていくというのは、やはり利用者とか、ひいては学生や大学全体に大きな意味があるんじゃないかなと思うので、地道に続けていきたいと思います。

小佐野：はい、ありがとうございます。そのカフェでの展示というのは、一日だけでしたか？

大塚：6日間の展示でした。

小佐野：そのくらいの展示だったんですね。関わったのは、大塚さんとあと2、3人の？

大塚：臨床心理士1名と、プロのアーティストが1名で、スタッフが計3人と学生さん4人というグループでした。

小佐野：規模的には、動きやすかったということですね。澤田さんは、自ら演じて、役者としても出ていらっしゃるようなんですが。澤田さんには四つ例を挙げていただいたんですが、形としてね、そのなかで一番有効性というか、療法として可能性が高いのは何だとお思いになっていますか？

澤田：四つの例を大きく分けると、一つは単純に「みる」です。私の方で立ち上げたCO-ENプロジェクトで行った学内イベントでも当事者演劇を「みる」というイベントをやりました。もう一つは、「やる」ものですよね。サイコドラマもドラマセラピーも、自分で「やる」というものです。

で、CO-ENプロジェクトでは「みる」と「やる」のイベントを1回ずつ開催しました。特に第1回目はコロナ禍もあって、「みる」という方にしました。それが結構反響が大きくて、200人くらい集まって、実際来たのが100人くらい、という感じでした。一方、「やる」という方になると、連絡が来たのが10人で、実際来たのは、更に減って5人なんですね。圧倒的に「やる」方が、本人に対するインパクトは大きいのですが、インパクトが大きいゆえに来ないです。

このイベントは学生さんを対象に開催したのですが、それでも「みる」より「やる」の方がハードルは高いようです。そうすると、例えば、生きる気力が失われている人に、いきなり「やる」ってことをやるのは結構ハードルが高いのは確かだと思います。しかし、「やる」ということが、とても重要で、効果があると思ってます。どの手法を用いるにしても、最終的には、自分で演じて、「やる」というのが良いんだと思います。だからこそ、サイコドラマ、ドラマセラピーといった形のものに可能性があって、有効性が高いと思います。手法はどれが良いか、というよりも、本人が合ったやり方で、自分で演じて、「やった」ことをその場で共有してもらう体験をするということが、とても大事かなと思っています。治療の有効性の可能性があるとは思っている一方で、「やる」ということのハードルの高さについても配慮しないといけないと思っています。

欧米、特にイギリスなどは、初等教育の中にドラマ教育があるので、ドラマやったことがあるという人が多いんですが、日本の場合は、ドラマやったことある人は多くても、大体傷ついてるんですね（笑）。学芸会で劇をやったけど、やりたくない木の役をやらされて傷ついたとか、やりたくないのに主役をやらされた、格好いい役じゃなくて豚の役だったとか、なにか傷ついてる体験が多くて、演劇やドラマやるというと、皆ひくんですね。

だけど、演劇って本来そういうものじゃない。サイコドラマやドラマセラピーなどのセッションはそういった点についても配慮がなされていて、安心して「やる」ことができるように場が作られているのですが、やったことがある人はわかるけど、やったことない人ってわからないので、参加にはハードルが高くなってしまう。そのため、そもそも演劇をするというよりも、演じてみるとか、遊んでみるということをするだけでも良くて、そういった遊んで実験できる場を作るというのが、まず第一歩なのかなとは思っいてます。そのため、遊び場を作るところから始まって、そのなかで少しセッションぽいことができるといいかなと思っています。

特に今、東京大学の中でも、演劇の風潮って結構力が落ちてきているような気がしていて、昔は「文三劇場」というのがあったりしたんですよ。

小佐野：あぁ、ありましたね。

澤田：今はもうなくなったんですよ。東京大学の中で演劇をやりたい人がいなくなっているんですね。もしかしたら演劇のような自己表現をしたい人はユーチューブとかSNSとかそういった映像系やインターネットでのコンテンツに行っているのかもしれません。それはそれでいいと思うんですけど、おそらく多くの人はそういう自己表現をあまりやりたがらないと思いますし、映像やインターネットでの表現を「みる」ことには慣れているけど、生身の表現については「みる」のも慣れていないし、当然「やる」ことにも慣れていないのかもしれません。そのため、集団療法、特にサイコドラマやドラマセラピーといったセッションを効果のあるものだよと言われても、やりたがらないんじゃないかなと思っているところです。だけど、そういった現状を踏まえて、何かハードルを下げるような工夫ができればいいなと思ってます。

小佐野：はい、ありがとうございます。そろそろ時間なんですが、一つ、今の皆さんのお話を発展させて、例えばですね、私が生まれた1951年、「ぬりえ」という本（第1集〜4集）を暮らしの手帖社をいう出版社が出して、その塗り絵を指導するのが、梅原龍三郎と安井曾太郎という、二人の、当時は有名な画家さんでした。要するに塗り絵ですから、もう印刷されて輪郭があるわけですね。

この絵を塗る時は、色を混ぜない方が良い、或いは水彩の方が良い、自由に、とか、そういうアドバイスをするんです。ちょっとネットを見てみたら、2007年ぐらいに復刻をしています。

塗り絵というのを、先程のチンパンジーの話じゃないですが、京都大学の研究のなかでチンパンジーのお絵描きと、発達障害の幼児のお絵描きを比較した研究というのがあるんですよね。逆に今は、皆さんの業務の領域を越える研究と言うんですか、高齢者のフレイルとか、介護のことがあります。介護の世界で、この塗り絵というのが、今非常に重要なものとなってきている。これは突き詰めると、今日のお話で出てきた、人間の本能的なもので、遊ぶというのが、まあ代償はなく、時間を楽しく自分で創造的に使うという、これがその、人間の活力と言うんですか、生命力にとって重要なのかもしれないと思います。

ですから、ホントに社会の中に、大塚さんが言っているように、狭い医療の世界が更に広がっていって、東京大学相談支援研究開発センターが、シチズン・ユニバーシティー、市民大学というような意識に繋がっていく方向性かもしれないですね。少なくともみなさんが、興味があることを、大学の中だけではなくて、近隣の、文京区とか、施設と機関と共同しながら進められることを願っております。そうだ、編集者さんから何かございませんか？

編集者：お話に出ていた「場」ということなのですが、患者さん、クライアントの方、或いは健常者の方でも、自身のことを考えても、安全な「場」という、演劇の場合でも舞台という区切りで、ここは安全なんだということを納得するまでに、なかなか時間がかかるということですね。大塚さん、鬼塚さんの場合も、ディレクションされる方がご一緒にやられたというところで、支援する側とされる側ということではなく、フラットな、クライアントの方にとって安全なんだっていう納得を得られる「場」をどうやってお作りになられているのか、そこをお伺いできれば思いました。

小佐野：どうでしょうかね。どなたか。

大塚：それでは私から。ホントにそこはすごく大事な点と思いながら活動しています。さっき渡邉さんも主体性というお話をされてましたけど、こちらも主体的に、純粋に楽しむというのは、とても大事だなと感じています。変にこう「場」をマネジメントしようとか、管理しようみたいなふうにすると、たぶん途端に「場」がすごく上下になってしまう。そうすると「私だけさせられてる」みたいな感じで、関係性もギクシャクしてしまうと思うんです。

僕が一緒にやったアートグループでも、プロの芸術家の方が「僕たちは皆下手くそだから」と仰ってくださったのが、すごく良かったんです。それを聞いて、「プロでも下手なら下手でもいいや」「表現を前に、僕らは平等なんだ」っていう姿勢が共有できて、徐々に「全然できなくて当然だし、シンプルにわかんないけど楽しもう」みたいな感じに一人ひとりがなっていったんです。

そういう姿勢でやってると、自然とその場自体が、「わかんないけどとりあえず皆でやってみよう」「身体を動かして、手を動かしてみよう」みたいな感じになっていくのが、すごく実感としてあります。

一方で、それでとめどなくやってしまって、本人も圧倒されるような暴力的な表現が出てきたり、破壊的な表現で戸惑ってしまったりすることもあるので、そこだけはやっぱり注意をするっていうぐらいで。あとは、ホントにこう楽しんで「場」に入るというのはすごく大事かなとも思っています。

それが澤田さんも原稿で書いておられるように、診察室と生活場面の乖離というのはやはりすごくあると思うので、そういうのをこう、上手く破壊してくれるというか、我々も良い意味で無力になれるっていうのが、こういうアートを介する良さかなというのは感じますね。どうですか、鬼塚さんは？

鬼塚：はい、今大塚さんが言ってくださった通りなんですけど、今年度、学生相談所の主催で、利用者の方向けのアートグループと、学生相談所利用者に限らず、もっと広い形で募集をしたアートグループと、2つやりました。両方に共通しているのが、どちらがインストラクトするとかそういうことではなくて、私たち実践する側も同じ所にいるというか、表現自体はもちろんなんですけど、何て言うんだろう、インストラクターという名前ですらないという。

最初に、グループなので、まず上手に描くことが目的ではありません。ここは、表現をする・しない、共有をする・しないもあなたの自由意志に任されていますが、他の方を誹謗中傷することは言わないようにしてください、というグランドルールは説明しますけど、それだけです。あとはもう、一緒に自分が自由に、わき目もふらずやるみたいな。さっき言った忘我、熱中の空気が生まれると、そこが何て言うか、こちら側が意図して作らなくても、安全な「場」っていう雰囲気になるんです。

私は、個人面談も、グループもですけど、一番大事なのは安心できる雰囲気だと思っています。その空気感をどうやって作れるか、何か、意図して出来るものではなくて、でもこれとこれとこれをちゃんとやっていれば、最低限安全な雰囲気を作れるっていう、術というかノウハウというか、何かそういう土台があって、あとは、その場にいらっしゃる皆さんが、それを了解して協働してくださって初めて出来るもの。だから、その「場」作りも共同の作業みたいな感じですかね。ただ、いつものことながら、熱中してると時間が無くなって(笑)、どんどん時間が押すので、ほんとエンドレスなので、悲しいかな、どこかで切らないといけなくなるんですけれど、何かその「場」を皆で共有するということが、安全を作ることに繋がっているという風に思います。

小佐野：そうですね。皆さんの原稿を読ませていただいて、どの方にも出てるのが、準備のウォーミングアップとか、或いはシェアリングという考え方。そして安全な「場」ができて、やっと実践と言うんですか、活動が行われるということなんでしょうね。そんなところでよろしいでしょうか、澤田さん。

澤田：はい、そうですね。あと付け加えるとするならば、芸術、特に演劇はそうなんですけど、おそらく絵画などもそうだと思うのですが、芸術って、プロがやるものというイメージを持っている人が多い気がします。プロの作品は当然プロとしての厳しさがあり、良いものが多いのは確かだと思いますが、さきほど出てきた、芸術の遊びの部分というのは、人生に生きる豊かさをもたらします。

芸術のプロもしくはセミプロが絵画とか演劇とかのスキルを上げるということは大変なことだし、価値あることだとは思うんですが、芸術をやることで芸術の遊びの部分を楽しむということはプロでなくても、高度な技術がなくてもできるのではないかと思います。サイコドラマやドラマセラピー、あるいは参加型芸術はそういったことを楽しめるようにできていると思います。

しかし、演劇の例では、演劇をやってみましょうとなると、演技が下手だったら殴られるんでしょうとか、灰皿飛んでくるんでしょうとか、演技が下手だったら辱しめられるとか、そういうイメージが結構大きいんですよね。

だから、演劇の力を利用する集団精神療法の可能性を広げるにはそういったイメージを壊すというのは結構大事なのかなと思っています。逆に、プロ的な技術のワークショップを期待して来たら、何か皆で遊んでいるだけでよくわからなかったということも起こり得るので、セッションを行うときは目的をちゃんと示した上でやらないと、ニーズが合わないってことが起きるなというのは、感じています。

小佐野：どうもありがとうございました。ちょうど予定の時間になりましたので、今日の座談会はこれで終わります。

研究余滴

アートと精神疾患

美術史の観点からの一考察

小佐野　重利

1. アートと「うつ病」の起源

人類は、生物学的な進化の過程でいろいろな能力や特性を遺伝として受け継いでいる。その中には、良い特性もあれば悪い特性もある。アート創作活動の能力は、しばらく前までは人類だけの能力と思われていた。しかし、最近では京都大学霊長類研究所（あるいは同大野生動物研究センター）でとくにチンパンジーにも絵を描く能力があることが確認されている（斎藤亜矢 2014）。一見、抽象表現主義のような「なぐり描き」から、チンパンジーの輪郭を描いたラフなスケッチを与えると、その輪郭線をなぞったりまでする。しかし、曲芸のサルと同じく、成功するとごほうびの食べ物がもらえるほかの勉強は続けられるのに、お絵かきには飽きてしまう。あとで少し説明するヒトと霊長類の脳の「報酬系」神経回路の差異によるのかもしれない。

アートの起源は、今のところ、1994年に南フランスのアルデシュ県のヴァロン＝ポン＝ダルク付近にある洞窟（発見者にちなんでショーヴェ洞窟と命名）で発見された約3万2000年前の壁画である。1940年にフランスのドルドーニュ地方ベゼール渓谷で地元の子供たちによって発見されていた2万年前のラスコー洞窟と同じく、クロマニョン人が描いた壁画と考えられている。ただし、ショーヴェ洞窟壁画は最後期のネアンデルタール人の制作であると考える研究者もいる。いずれにしても、同洞窟からは、壁画のほかに動物彫像や女性像も出土している。

半世紀以上の研究の積み重ねのあるラスコー壁画については、なぜクロマニョン人は暗い洞窟の中にウマ、バイソン、シカ、厚毛サイなどの動物を信じられないくらい生き生きと描いたのか、その制作目的をめぐってさまざまな仮説が出された。主なものに、いわゆる「芸術のための芸術」説、トーテミズム、呪術説、シャーマニズム、男女両性神話説がある（『世界遺産　ラスコー展』カタログ 2016）。

「芸術のための芸術」説では、制作目的は純粋な楽しみであったと考える。狩猟していないときに時間を持て余したということを前提に、余暇の時間に手すさびとして壁画を描いていたと解釈した。しかし、壁画には重ね描きされた箇所も確認されている。このことから、見るために描いたのではなく、描くこと自体が目的であったと判断され、この説は蓋然性が低いと考えられた。

一方、19世紀以降に紹介された全世界の狩猟採集民の民族誌に基づいて制作動機を考察して提唱されたのが、トーテミズム、呪術説、シャーマニズムである。

トーテミズムは、動物の彫刻が施されたトーテムポールに代表されるように、各地に残る動植物や自然現象などのトーテムと同一の祖先を持つと信じ、トーテムを崇拝する信仰のことだ。

呪術説は、狩猟の成功を願って、狩猟する動物を描いたという解釈だ。狩猟に出かける前に、獲物を確実に仕留めるために、描いた動物の絵に向かって槍を刺したという解釈である。実際に、アフリカのピグミー族は狩猟の成功が約束されると信じて、こうした模擬的な狩猟をおこなっている。これに対し、食の対象である動物が増えるように祈願する呪術説もある。

シャーマニズムは、壁画を制作したのがシャーマン（神や精霊と直接交流する呪術・宗教的な職能者）であるとする解釈である。ラスコー洞窟の「井戸状の空間」にトリの仮面をかぶっているかに見える人が描かれている。これをシャーマンと見なす説だ。

壁画の中には、いずれの説をも裏づけるような表現はあるが、いまだに制作目的を完全に解明するには至っていない。とにかく、灯、燃料、絵具などを準備して持ち込んだ痕跡から、制作には多くの人が従事したことは明らかで、公共目的で、集団で制作したと考えるのがもっとも妥当だ。

一方、うつ病を引き起こす憂鬱な性質（気質）も進化の過程で人類が遺伝子的に受け継いだ特性だといわれる。しかし、これも人類だけでなく、哺乳類や霊長類にも遺伝として受け継がれていることが確認されている。精神科医の野村総一郎は、進化生物学の観点から、「うつ病進化論」という考察を展開している（野村総一郎 2017)。以下にその考察の概要を記そう。

憂鬱は人間の性（さが）なのではないか。憂鬱という現象を進化論的に考えると、太古の時代には絶対に憂鬱にならない人間がいたが、そうした人間は生きるのに不利なので絶滅し、今残っているのは憂鬱になる性質を遺伝的に受け継いだ人間だけである。

つまり、憂鬱は人間が生きるために必要な特性であると考えるわけだ。第一に「ゆううつになると、動きが止まる。動きを止めた方が有利な場面で、ゆううつは役に立つ」。第二に「人間同士の戦いでは、負けた方がゆううつになる。それによって、復讐戦が避けられ、互いに安定して子孫を残すことができる」。そして、第三に「他者からの援助を引き出すために、ゆううつになる」という考え方もできる。このように考えると、ゆううつになるのは一つの能力で、人間の持つ強みということになる。

このプラス面をもたらす憂鬱な感情の発達が、なぜうつ病という精神疾患に至るのかを考える必要がある。野村によると、憂鬱になる性質は本来生きるために有利な遺伝子であるはずが、環境が変わって、一転して不適応となった。この環境変化への不適応がうつ病などの精神疾患を引き起こしやすくした。うつ病を「何か不適切な遺伝子が原因でおかしくなっている」とは考えずに、「本来有利な資質が現代環境では裏目に出ている」「その結果、現代では病気と診断される」と解釈する。つまり、遺伝子と環境の相互作用で、病気が起こる。うつ病、あるいはそれに類する精神疾患になりやすい素因（野村は「こだわり遺伝子」と呼ぶ）があって、そこに、主に環境的な要因であるストレスとか育ち方とかが重なったときに、うつ病になると解釈できるという。

以上のように、アート創造の起源と「うつ病」の起源（根源）を見てきた。神経生物学の研究が長足の進展を遂げている現在では、どちらにも人間の活動、とくに脳活動が大きく作用していることが明らかになってきた。それについて、少し説明を加えよう。

ヒト（人間）の脳は進化の歴史の痕跡を残しているといわれる。一般に、脳は三層構造としてとらえられている。脳は中心から外へ向けて進化した。中心部の一番下の層、脳と脊髄をつなぐ脳幹は爬虫類の脳に似ている。脳幹は循環系や呼吸系の制御に携わるから、「生命を維持するための脳」といえる。その周りを古い（旧）皮質―大脳辺縁葉と皮質下や中脳などの大脳辺縁系―が取り巻く。これは、進化の中で哺乳類に現れた脳部位だ。食欲や性欲、そして意欲をつかさどる本能の脳といってよい。同時に、快・不快や好き・嫌いなど情動の

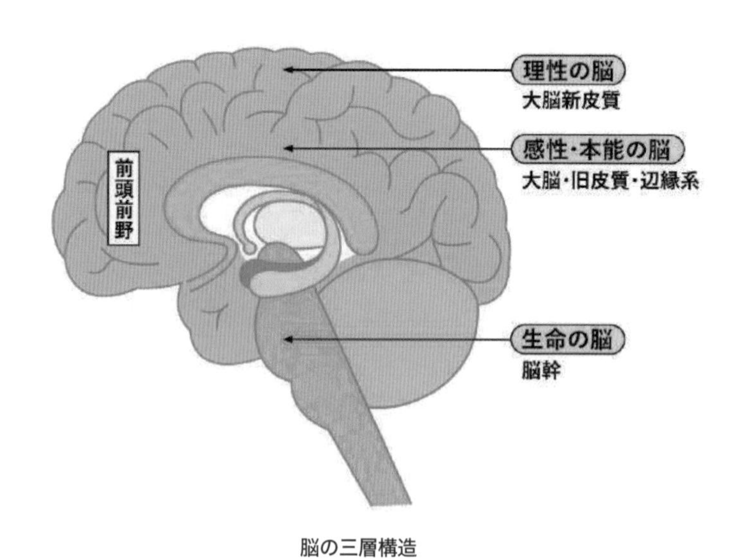

脳の三層構造

発現（とくに扁桃体が大きな役割を果たす）や記憶形成（海馬がつかさどる）にも関係する「感性・感情」の脳である。その大脳辺縁系のすぐ後ろに、別に、無意識を担う（手続き記憶をストックする）小脳がある。

旧（原）皮質の周囲に新しい皮質（大脳新皮質）が最後に進化した。周囲環境によりよく適応するための脳で、ヒトでは思考や認識、判断などの知性をつかさどる脳である。額の裏側に位置する前頭極（ブロードマン脳地図10野）はホモサピエンスが出現する段階で急激に進化した。我々に最も近い種であるチンパンジーと比較しても、脳全体に占める体積比は約二倍である。DNAの塩基配列から見ると、ほぼ1パーセントしか違わないのに、ヒトの前頭前野、とくに前頭極の進化は歴然としている。これら三層構造の各層は密接に相互連携している。倫理的な行動においては新しい皮質の理性（知性）と旧皮質の本能との相克がある。

美術を含めた芸術もやはり、旧皮質と新皮質の相互作用、感性と知性の相互作用から生まれ、あるいは相互作用によって認知（鑑賞）される部分が大きい。

1980年代に、神経生物学者セミール・ゼキは、視覚野に関する重要な研究を遂行し、「美」や「愛」にかかわる脳領域（特に眼窩前頭皮質）を特定した。そして、彼は「美術の機能は脳の機能の延長であり」、「優れた芸術家は優れた神経科学者（ニューロサイエンティスト）である」とまで断言した。ヒトの美的体験を理解するために、生物学的基盤にたって「神経美学neuroaethetics」なる学問分野の構築を提唱した（Zeki, S. 1999; 邦訳2002, 石津智大 2019）。

芸術創造には、大脳旧皮質がつかさどる創作意欲と芸術的感性の発現があってはじめて可能となる。それが新皮質の理性との協働と相互作用によって芸術制作へと突き動かす。この芸術創造に果たす脳機能の観点から、ラスコー壁画の制作目的についての仮説を再考すると、制作目的は純粋に楽しみのためであったとする「芸術のための芸術」説も捨てがたい。脳には報酬系とよばれる神経回路がある。旧皮質に属する部位に集中している。視床下部、大脳辺縁系（側坐核、中隔や帯状回など）、および中脳の黒質や腹側被蓋野などである。それはヒトや動物に「快感」を感じさせる神経細胞の活性化のシステムである。食欲や性欲から得られる本能的な快楽には、動物的な報酬系神経が、また即物的な欲求でなく、高次の知的な活動から得られる快感には人間的な報酬系神経の活性化が見られる。報酬系神経の活性化には神経伝達（化学）物質ドーパミンが作用していることもわかっている。芸術活動は人間的な報酬系神経を活性化していると想定できるため、無理やり目的志向行動（ほうびの餌をあてにしたチンパンジーやサルの学習行動など）と考える必要はなく、自発的な楽しみのための活動であったかもしれない。こう考えると、「芸術のための芸術」説を支持できる。

一方、憂鬱になる性質がうつ病のような症状になるのに深く関与しているのがストレスであることも知られている。ヒトも動物も生きるうえでストレスを抱えもつ。しかし、ストレスは一概に悪いとはいえない。ストレスの強弱を調整しているのは、脳内の神経伝達物質の主にドーパミンとノルアドレナリンと、それら2つを制御して、うつ病発症を抑制するとされるセルトニンである。ストレスがかかると、脳全体に突起を伸ばしている神経細胞（ニューロン）からノルアドレナリンやドーパミンなどの神経伝達物質が放出され、その濃度が大脳新皮質の前頭前野で高まると、神経細胞間の活動が弱まり、やがて止まってしまう。神経ネットワークの活動が弱まると、ヒトの行動を調節する能力も低下する。旧皮質の視床下部から下垂体に指令が届き、副腎がストレスホルモンであるコルチゾールを血液中に放出して、これが脳に届くと事態は深刻になる。その結果、自制心がバランスを崩していく。

脳の深部に生じる主な変化はといえば、ドーパミンが旧皮質の大脳基底核に到達する。そこには、欲求や情動、および運動の調節や記憶に関わっている旧皮質の一連の脳細胞組織がある。別の旧皮質の扁桃体は、ノルアドレナリンとコルチゾールの濃度が高まると、危険に備えるよう他の神経系に警告を発し、恐怖などの情動に関わる記憶を強める。こうして、感情や衝動を抑制している前頭前野の支配力を弱めるため、視床下部などの古い脳領域の支配が強まった状態になり、不安を感じたり、普段は抑え込んでいる衝動——暴飲暴食、薬物乱用、金銭浪費など――に打ち負かされたりする（ストレスと脳｜生物学科｜（東邦大学神経科学研究室 増尾好則））。まさに、うつ病等の発症アラームが出される。また、視床でのドーパミン過剰が統合失調症の発症（幻覚、幻聴や妄想、意欲減退、認知機能障害など）に深く関与していることもわかってきている。

このように、新皮質の前頭前野と旧皮質との連携によって、ストレスの強弱の調整が行われている。その調整が狂ったときに、うつ病が発症する。

2. 憂鬱質と創作活動の歴史

古代ギリシアのヒポクラテスを祖とする「四体液論」に基づく古代の医学理論では、過度の知的な活動は黒胆汁の過剰を招来し、意気消沈、無気力その他、憂鬱症（メランコリア＝メランコリー）と呼ばれる精神状態を惹き起こすと信じられていた。そして、古代および中世以来、歌唱や楽器演奏による気晴らしを通じた治療が勧められた。ルネサンスになっても状況はあまり変化していない。楽器に加えて、書斎のような狭くて閉ざされた、特に東向きの空間も、「憂鬱症者 melancholicus」の治療に使われていたことはよく知られている（レイモンド・クリバンスキー他 1991）。アリストテレス（前384-前322）自身、あるいは中世のアリストテレス学派は、知的な活動、特に詩や美術の分野でずば抜けて秀でた人物すべてが憂鬱質であると主張していた。それゆえ、この考え方によれば、桂冠詩人フランチェスコ・ペトラルカ（1304-1374）は中世には教会によって悪徳に近いものと見なされた憂鬱症を患う危険に常に直面していたことになる。しかし、ペトラルカに関する伝記的な史料を参照するかぎり、彼が憂鬱質であったという証拠はない。

フィレンツェのメディチ家のために働いた挿絵画家フランチェスコ・ディ・アントニオ・デル・キエリコ（1463-85年間の活動記録あり）は、ミラノのトゥリヴルツィアーナ図書館所蔵の写本（Cod.905）の第1葉裏に挿絵《書斎のペトラルカ》を描いている（図1）。

図1　フランチェスコ・ディ・アントニオ・デル・キエリコ
《書斎のペトラルカ》（ペトラルカ著作集写本巻頭挿絵）1480年頃
ミラノ トゥリヴルツィアーナ市立図書館　Cod. 905, fol. 1v (photo: 図書館)

微細に描写された書斎の中に人文主義の桂冠詩人が、当時アルプス以北で用いられていたベレー帽を被り、左の掌で頬杖をつくポーズをとって詩作に没頭している。書斎には窓があり、その向こうに緑の田園風景が眺望される。一方、書斎の机の前に書棚があり、書物や筆記用具と並んで渾天儀が置かれている。詩人の足元には、パドヴァ大学文哲学部建物の大広間に残る14世紀末の壁画《書斎のペトラルカ》に描かれたことで有名な「ペトラルカの犬」と一緒に、楽器リュートが描かれている。極めて興味深いのは、この写本がペトラル

図2　ヤン・ファン・エイク（?）
《書斎のヒエロニムス》1435年（?）
デトロイト 美術研究所美術館（photo: Detroit Institute of Art Museum）

カの『凱旋』と『定型詩 Le Rime』の前に、すなわち、この挿絵と見開きとなる第2葉表から、アレッツォの城に幽閉されていたときペトラルカの肖像を見て勉学心をかき立てられた人文主義者レオナルド・ブルーニ（1370頃—1444）の筆になる『ペトラルカの生涯』を収録していることである（Santoro, E. C. 1958）。

ペトラルカの開いた掌で頬杖をつく、いたく思索的もしくは観想的な表情と、机に立て掛けたリュートに注目しよう。リュートは、当時の文献で、書斎の調度品に加えてもよいとされた楽器である。パドヴァ大学の壁画のように、伝存するペトラルカの面貌表現のほとんどが、ブルーニも記すような「たいへん端正な顔立ち（di persona bellissimo）」である。一方、フィレンツェの詩聖ダンテ（1265-1321）は、ボッカッチョ（1313-1375）による伝記『ダンテの生涯』以来、

「常に憂鬱そうに思索に耽った顔（sempre nella faccia malinconico e pensoso）」をしていたと性格描写がされた。ブルーニは、またペトラルカとダンテの優劣比較も行っている。その比較の中で、ペトラルカを観想的生活（vita contemplativa）に専心した詩人と、ダンテを観想的生活より活動的生活（vita activa）を優先させながらも、巧みに両方の調和を計れた詩人として浮かび上がらせる。

両人のこの相違を浮き彫りにするのに、掌で頬杖をつくしぐさがポイントとなる。このしぐさ自体は、古代起源のもので、最初エジプトで棺の浮き彫りの中の死を嘆く人物に見られ、また本来、疲労や創造的な思索をも意味するしぐさであったが、やがて憂鬱質の象徴的ポーズとなった。アルブレヒト・デューラー（1471-1528）の1514年の銅版画《メランコリアI》では、天使が頬杖をついて憂鬱そうに目の前を見つめている。このポーズは、デトロイト美術研究所所蔵のヤン・ファン・エイク（1395頃-1441）の《書斎の聖ヒエロニムス》（図2）の観想のポーズを受け継いでいる。同絵画の聖ヒエロニムスは、枢機卿ニッコロ・アルベルガーティ（1373-1443）の擬制肖像と考えられている。1435年に枢機卿は英仏百年戦争の帰趨を決定づけたフランスとブルゴーニュの講和会議に教皇全権大使として出席し、その行動的生活の合間に観想的生活を怠わらなかったゆえに、デトロイト画では聖ヒエロニムスに擬して描かれたとみることができる。

トゥリヴルツィアーナ図書館所蔵の写本の挿絵では、皮肉にもこのポーズのみが伝記的な文脈を逸脱して、ダンテの憂鬱質の面影をもつペトラルカのイメージを創り出したといえようか。

では、同時代に、憂鬱質あるいはうつ病をわずらった画家はいたのだろうか。

現在フィレンツェのウフィツィ美術館に所蔵される《ポルティナーリ祭壇画》はメディチ家商会の銀行家トンマーゾ・ポルティナーリ（1424? – 1501）の注文でヘント生まれのフランドル画家ヒューホー・ファン・デル・フース（1440頃-1482）が描いた。画家は、初期ネーデルラント絵画の第2世代の巨匠である。40歳近くになると、フランドル最大の巨匠としてその地位は揺るぎないものとなり、1474年にはヘントの画家組合長に就任し、国際的名声もますます高まっていた。《ポルティナーリ祭壇画》はヒューホーの名声の絶頂期の作品（1475-76年）だ。だが、1475年に突如として世俗者としての全ての立場から引退し、助修士となってブリュッセル近郊の赤の修道院（ローテ・クローステル）に籠もってしまう。修道院内でも絵画制作を続けることが許されたが、《ヘントの祭壇画》の傑作品を描いた先達の巨匠ヤン・ファン・エイクへの劣等感にさいなまれ、うつ病、あるいはそれに近い危機的精神状態に陥ったと伝えられている。彼の絵のモデルとなったジェリコのバラ聖母修道会の尼僧エリザベートとの関係を発症の要因に挙げる説もある。

修道院に同じ時期に入った修道士ハスパル・オフハイスGaspar Ofhuys（のちに修道院長となる）はヒューホーの病について、注目すべき正確な、だが敬虔ぶった悪意のある記録を残した。画家が修道院に入る決意をしたときに、最初からあらゆる種類の特権が許され、ほかの仲間の修道士にショックを与えたようすを記述する。画家が飲食への同席を許された貴顕の客人について書いた後、修道院への道中に画家を襲った「奇妙な心の病」についても説明する。絶え間なく自分が呪われた身で永劫の地獄に落ちると言い続け、自傷行為に及んだ。そして、修道院に着くや、修道院長はヒューホーの病気を「旧約聖書のサウル王の病」（メランコリアか躁鬱症）と判断して　心地よい音楽による治療を命じたと。1481年にヒューホーはうつ症状が悪化して、自殺を図り、翌1482年に没した。

3. 精神疾患とたたかう芸術家

ヒューホー・ファン・デル・フースは世俗界を退き、修道院の僧房で暮らすなか、精神的な危機状態にありながらも、なぜ絵を描き続けたのだろうか。絵画制作がそうした精神的危機とたたかう便（よすが）となっていたのであろう。

エルンスト・クリス（1900-1957）は、ウィーン大学で美術史学博士号を取りながらも、フロイトの精神分析に傾倒し、フロイトの友人の娘と結婚して、夫婦で精神分析医になった。クリスは、ユダヤ人だったのでナチス政権がオーストリアを支配してからイギリスに亡命、次いで1940年にはニューヨークに移住し、美術に関する精神分析学的な研究を推し進めた。以下に、彼の研究のなかから、精神疾患を抱えながら芸術的な活動に従事した二人の芸術家について簡単に述べる（Kris, E. 1952）。

アヴィニョンにローマ教皇庁が置かれていた時期に、その尚書院に写本の挿絵制作のために仕えていたパヴィア出身の聖職者オピキヌス・デ・カニストリス（1296-1353）は、部分的にしか理屈が通らない注釈を付した膨大な数の素描のうえに、とりわけ自伝的な「日記」をかなり長く書きつけている。中には、いろいろな幻視的な夢を見て、その内容を素描にも描いている。1334年8月15日（聖母被昇天の祭日）の書きつけに、「今朝、夢に聖母が悲しそうに地面に座って膝に幼児イエスを抱いているのを見た」と記している。その夢は、シエナの画家シモーネ・マルティーニ（1284頃-1344）がアヴィニョンに到着する直前の出来事だ。画家がアヴィニョン大聖堂タンパンに描いた《謙遜の聖母》の図像の典拠である可能性が提唱されたことがある（Castelnuovo, E. 1988）。このように美術史の図像の典拠に、夢のお告げや幻視や民間伝承が関係づけられてきた。

オピキヌスは神秘主義者と見なされることもある。彼の自伝的な記述は大変特異で、生涯の四段階の自画像も素描で描いている。以下に述べる重篤な病気から回復した後に長い注釈を付した素描は人間の形とその身体部位を地誌的な構成要素にした占星術的、宇宙論的な地図（ヴァティカン図書館所蔵）で、いたく妄想的である。クリスは、この聖職者は精神分析学的に統合失調症を患っていたと診断した（E. Kris 1952）。というのは、同年3月31日に、オピキヌスは重篤な病気を発症し、ほぼ二週間の昏睡状態に陥る。その後回復したが、記憶の多くを喪失し、失語になり、右手が不自由になったと記している。そして、本人によれば、上述した8月15 日の夢の啓示のおかげで記憶も発話も右手も回復したとしている（Salomon, R. 1953）。近年では、症状的には、強い精神疾患を発症していたのに加えて、3月31日には脳梗塞を起こしたのであろうとされている。一方、彼の描く特異な地誌的な地図に、中世の記憶術の実践によって失った記憶の回復を図るオピキヌスの姿を認める研究もある（Marconi, P. 1977）。

もうひとりの芸術家は、18世紀バロック期末から新古典主義への過渡期に活躍した彫刻家フランツ・クサーヴァー・メッサーシュミット（1736-1783）である。ウィーンの美術アカデミーを修了後、オーストリア帝国武器庫コレクションに職を得、マリア・テレジア（1717-1780）の注文で皇帝夫妻の等身大をこえる彫像を制作して、二人の寵愛を受ける。1770～72年頃から彼は性格を刻む頭部像の制作を開始する。ちょうどそのころから偏執的な思念や幻覚にさいなまされ始めた。彼が1769年から教えていた美術アカデミーの主要教授ポストに空が出て、1774年にそのポストの教授候補になったが、それに就けなかったばかりか、アカデミーでの学生教育も罷免される。このことについて、皇后マリア・テレジアに宛てた書簡で、首相のカウニッツ伯爵（1711-1794）は、メッサーシュミットの才能を称賛しながらも、美術アカデミー理事たちの見解に言及して、彼の病気（書簡では精神錯乱と言っている）の性質上、教授に任命するとアカデミーに害を及ぼすとほのめかした。たしかに、1771年頃から精神疾患をわずらい、しばらくして制作できるくらいには回復したが、教えることができるまでには至らなかった。実際に教授候補の話が出ていたころ、彼は「アカデミーの全教授や理事たちが自分に反対している」と執拗に思い込んでいた。

エルンスト・クリスは、論文の中でメッサーシュミットの伝記的情報の多くに疑問を抱き、精神分析的な病跡学研究を提示する。論文では、マリア・テレジア皇后宛の書簡などとフリードリヒ・ニコライ（1733-1811）の『1781年のドイツおよびシュヴァイツ旅行記　第6巻』から、信用できる言説を引用する。皇帝夫妻からの年金下賜を辞退して、1777年に隠棲していたプレスブルグ（現在のブラチスラバ）のメッサーシュミットの許を、ニコライは訪れて、彼と直接言葉を交わした。そこで、彫刻家は一般に「しかめ面の頭部」シリーズと呼ばれる頭部像を集中的に量産していた。ニコライはメッサーシュミットを偏執狂的な思念に特徴のある精神病者と述べている。クリスはヨハン・カスパー・ラヴァーター（1741-1801）やゲオルク・クリストフ・リヒテンベルク（1742-1799）やゲーテ（1749-1832）の著作に見られる18世紀の観相学への関心を指摘しながらも、メッサーシュミットの頭部像は、観相学が探求した感情（情動）ではなくて、さまざまの状況下での顔の筋肉の変化を描出しているので、観相学の伝統とは一致しないと判断する。ニコライによると、頭部像は特定のモデルを使用したのではなくて、メッサーシュミットの顔の「鏡に映した幻覚像」を表しているとのことだ。そして、クリスによって、彫刻家のしかめ面は自分を癒して現実と再び向き合うために、威嚇的な幻覚を魔術的にかわすのに芸術手段に訴え、病状の軽減を図っていると解釈した。そのためにメッサーシュミットはおよそ100の頭部像を創作し、1783年に47歳で、肺炎のため亡くなった。クリスは、彫刻家のこうした行動は、精神分裂症者に一般的にみられる本質的な機能障害と深い関係があると結論した。

ポスト印象派のフィンセント・ファン・ゴッホ（1853-1890）は、わが国でも早くから注目され、多くの出版物や繰り返し開催される展覧会のたびに驚異的な入場者数を誇っている。ゴッホは、とくに、《ひまわり》シリーズや、1888年12月の耳切り事件と、1890年7月27日、パリ郊外のオーヴェル・シュル・オワーズでピストル自殺を図り、2日後に死亡したことでよく知られている。2014年には、3月30日を世界双極性障害デー（World Bipolar Day）とすることが、国際双極性障害財団（IBPF）、国際双極性障害学会（ISBP）、およびアジア双極性障害ネットワーク（ANBP）によって定められた。フィンセント・ファン・ゴッホがこの病気にかかっていたとされていたことから、彼の誕生日にちなんで制定された。

2016年7月から、ゴッホの精神障害の真相にせまる目的で、アムステルダムのフィンセント・ファン・ゴッホ美術館で「狂気の瀬戸際 On the Verge of Insanity」と題し、画家が死亡するまでの18か月間に焦点を当てた展覧会が開催された（「狂気の瀬戸際 On the Verge of Insanity」展 2016）。開催中の7月には、研究者や精神科医らによる2日間の公開討論会が開かれた。ゴッホの精神障害を現代医学で説明することを目的した討論会である（ゴッホは「おそらく」そううつ

病か境界性障害… 2016年9月17日)。

ゴッホが精神障害を発症したのは、さまざまな要因が重なった結果である可能性が高いという。リキュールの一種「アブサン」などの過度の飲酒、乱れた食生活、ゴッホが敬愛したフランス後期印象派画家ポール・ゴーギャンとの関係の悪化などだ。特にポール・ゴーギャン (1848-1903) との共同生活が行き詰まる中でゴッホが起こした耳切り事件によって、ゴーギャンは共同生活を打ちきる。こうして二人の友人関係が絶たれた後に、精神障害の症状が頻繁に現れるようになった。

ゴッホは、1889年5月にサン=レミのサン・ポール精神病院に入院する。病院長は癲癇(てんかん)と診断したが、それだけでは説明できないと考えられてきた。

討論会の進行役を務めたルイ・ファン・ティルボルフは、「ゴッホは耳を切り落とす前、おそらく境界性人格障害か双極性障害だった」と指摘するものの、討論会では、「ゴッホの病気について最終結論を出すことは不可能であるとの結論に達した」と説明している。同氏によれば、「症状が出るたびに再発するのではないかという恐れが強まり、その恐怖心が2年後の自殺につながった」というのだ。

ゴッホは、画家としての制作活動は10年足らずにも拘わらず、絵が売れるかどうかには頓着せずに、900枚もの絵を描いたばかりか、不安定な精神状態のなか、その折々の気持ちや芸術についての思いを書きなぐった手紙を、ある時は友人に、またある時は恋人や肉親へ宛て、生涯に渡って800通あまりも書き続けた。とくに、ゴッホを精神面でも生活面でも全面的に支援した弟テオとの文通は注目に値する。画家の手紙は、内容も文体も、当時の一流文筆家の文章と比べても全く遜色がない。その膨大な数の手紙は新たにファン・ゴッホ美術館により公式編集されて、日本語版新訳も刊行されている (『ファン・ゴッホの手紙Ⅰ・Ⅱ』2020)。

とくに、精神病院に収監されていた時期に、ゴッホは代表的な絵画の制作のほか、自分を慰め、自分が楽しめるものとして、模写もたくさん試みている。また、周囲の限られた人々の肖像画や自画像を描いている。病院からテオ

フィンセント・ファン・ゴッホ《病気の時に描いた自画像》1889年
オスロー 国立美術館 (photo: Wikimedis Commons)

に宛てた1889年9月19日の手紙(【書簡804】)で、「最近、自画像を2点描いた。そのうちの1点はとても性格が出ていると思う」と書き、翌9月20日付けの手紙(【書簡805】)では、監視役の妻の肖像とそのレプリカを描いたと述べてから、前日の2枚の自画像に触れる。「今日、自画像を送る。これは時間をかけてよく視てもらわないといけない。眼差しはぼんやりしているが、顔つきは以前よりずいぶん落ち着いてきたように思う。どうだろうか。もう一枚の自画像は病気の時に描いたものだが、こちらの方が君に気に入るように思う。シンプルなものを描こうと思った。会うことがあればピサロ爺さんにも見せてあげてほしい」と書いた。

この2枚の自画像については、「病気の時に描いた、シンプルなもの」が、オスロー美術館のルイ・ファン・ティルボルフによる同定作品(Van Gogh self-portrait is genuine, experts decide - BBC News)。また、「眼差しはぼんやりしているが、顔つきがずいぶん落ち着いてきているように思う」はオルセー美術館（https://www.musee-orsay.fr/fr/oeuvres/portrait-de-lartiste-747）の自画像である。

ゴッホは、生涯に絵画と素描で43点の自画像を描いた。たくさんの自画像を描いた動機には、鏡に映る自分の顔を注視して、精神状態を自分なりにチェックしていたとは考えられまいか、先に述べたメッサーシュミットの「しかめ面」頭部像シリーズの制作動機と同じように。

最後に、世界的に今も注目されている草間彌生について簡単に述べよう。1941年に長野県立松本第一高等女学校入学した頃から幻覚や幻聴を体験、同一イメージの反復からなる制作を始めた。京都市立美術工芸学校の4年最終過程に編入、翌年卒業。1952年に松本市第一公民館で個展をひらくと、信州大学精神科医西丸四方（1910-2002）に見出され関東精神神経医学学会で紹介された。1954年から翌年にかけ、東京で4度の個展を開き、瀧口修造（1903-1979）がニューヨークの第18回国際水彩画ビエンナーレへ彼女を紹介したことが渡米の糸口となる。1957年に渡米し、1959年にニューヨークで個展をひらき、ドナルド・ジャッド（1928-1994）と親交を結ぶ。1962年頃から素材を突起物で覆い尽くした作品をつくり始める。草間彌生によると、同年、前衛作家ジョゼフ・コーネル（1903-1972）と出会い、そのパートナーシップはコーネルが没するまで続いた。1966年には、第33回ヴェネツィア・ビエンナーレに《ナルシスの庭》を出品し、1968年には、おびただしい数のハプニングを実行した。コーネルが没すると、1975年に日本へ帰国、体調を崩し一時入院した。1978年には処女小説『マンハッタン自殺未遂常習犯』を刊行している。1983年には2作目の小説で野生時代新人文学賞を受賞、また1989年に詩集『かくなる憂い』を出版するなど、執筆活動にも取り組む。1993年には、第45回ヴェネツィア・ビエンナーレにたった一人の日本代表として参加した。

草間の再評価が高まり始めるのは、1998年のことだ。「ラブ・フォーエバー：草間彌生 1958~1968」と題された、世界各国を巡回する大規模回顧展が、

草間彌生《自画像》2010年、フィレンツェ、ウフィツィ美術館
（photo：同館への寄贈前に東京で撮影された画像）

1960年代の草間彌生の輝きを世界中に知らしめ、多大な観客を集めた（1999年4月29日-7月4日, 東京都現代美術館）。21世紀になっても草間芸術は快進撃を続けている（草間彌生 2002）。世界各地のオークションマーケットで、現代作家では世界有数の落札価格を誇っている。2002年には『無限の網——草間彌生自伝』（草間彌生 2002; 2012年に新潮文庫化）、2013年には『水玉の履歴書』（集英社新書）を出すなど、相変わらず健筆も振るっている。また、2012年7月に実現したルイ・ヴィトンとのコラボ企画「ルイ・ヴィトン×草間彌生」コレクションでも若者の注目を集めている。2017年には草間彌生美術館をオープンして、多く

の現代美術愛好者がユニークな企画展示の鑑賞に訪れている（建畠晢ほか 2019）。
実は、草間は統合失調症を患っている。少女時代にこの病気のせいで幻聴や幻覚に繰り返し襲われ、それから逃れるために幻覚や幻聴を絵に描き留めるようになったのが芸術活動の始まりだったと語っている。特に、統合失調症の症状のひとつ、離人症に苦しめられる。現在94歳であるが、1970年代後半から53年も住み続けている精神病院の一室から向かいにあるアトリエに通い続け、精力的に制作に励んでいる。彼女のトレードマークの水玉模様やカボチャの模様を集中して、根気よく描く。また、メッサーシュミットやゴッホほどに自覚的かどうかははっきりしないが、自画像の制作にも意欲を示した。ウフィツィ美術館の由緒ある大自画像コレクションに加わった自画像は、水玉模様、カボチャ模様、無限の網という画家のトレードマークから構成された作品である。

今まで見てきたように、草間彌生の創作活動も、精神的なバランスを保ち、あるいは精神的な不調から立ち直るための行為なのであろう。草間自身がそれを「自己療法」、「サイコソマティック芸術」と呼んでいる。

おわりに

2022年末のことだが、恩師のひとりである辻惟雄先生が卒寿を迎え、日経新聞社の「私の履歴書」の原稿を増補改稿されて『若冲が待っていた　辻惟雄自伝』（小学館）を出された。そのあとがきで精神科医の華園力（つとむ）先生が、自閉スペクトラム（AS）特性と芸術的創造性をテーマに研究発表し、また論文も出され、特に伊藤若冲を研究の中心に据えられていると記していた。華園医師は若冲絵画の特質を、自閉スペクトラムの特性の4つの微標、「細部へのこだわり」、「多重視点」、「表情認知の弱さ」、「反復繰り返し」から読み解く。たしかに若冲は、たとえば相国寺に寄進した「動植綵絵」30幅の花鳥画の一つ「南天雄鶏図」では、雄鶏のとさかに驚くほど細かな白の点描を施し、赤い南天の実一粒一粒にも，裏彩色の技法まで駆使して、全く手を抜くことなく驚くべき集中力を持続させて描いている。「動植綵絵」の別の一幅「蓮池遊魚図」では，顕著な多重視点が見られ、そもそも人物描写の少ないこの画家の人物表現では、動植物画に比べて、表現力が極端に乏しく、表情認知が希薄である。また桝目描きの初期作品「白象群獣図」にはAS特性の反復繰り返しの微標が明らかであるという（華園力 2018）。一方、辻先生は、六曲一双の「鳥獣花木図屏風」の1扇に描かれたクジャクでは、1.2センチメートルの正方形に区画された頭部が薄青と薄茶に塗分けられ、それぞれがさらに6個の小さな矩形に区分されて微妙に濃淡づけられていると指摘する。そして、江戸時代のこの画家には自閉スペクトラムの特性があったとする華園医師の主張を首肯されているようだ。

本書でほか3人の執筆者は、メンタルヘルスの専門家の立場から、うつ病や双極性障害などの標準的な予防・治療方法――いろんな心理療法や認知行動療法など――に加えて，芸術を利用した集団精神療法も、評価の定まった治療法に劣らず役立つことを力説した。メンタルに悩む当事者たちがアート表現や展示プロジェクトや演劇に参加して、たとえばうつ病の症状の一つの希死念慮を抑止したり、発達障害やほかの精神症の改善のために、自己治癒力を養うことができると論じた。

大塚尚が言及するクロマニンゲン展は、人類の芸術創造の起源であるクロマニョン人の創作活動から着想されたコンセプトである。生物進化論からみると、ヒトは誰でも芸術家になれる素質を持っている。それは、これまでの美術展の伝統的な考え方や窮屈な制度から解放され、「だれしもが天才」の作品を介して表現制作者と鑑賞者の交感やコミュニケーションを生み出す試みだ。

芸術療法は、今話題になっている市民科学（citizen science）推進のモデルとなる可能性を秘めている。当事者と家族と市民（社会）がメンタルヘルス専門家の活動に参画することで、新たな課題や視点が提起されて、精神疾患の予防に留まらず、メンタルサイエンスの素養を醸成し、心身ともに健やかな国民からなる未来社会の実現に寄与することが期待できる。

謝辞
ゴッホの2枚の自画像の特定には、ゴッホ研究の泰斗である大阪大学文学研究科の圀府寺司名誉教授にご教示を仰いだ。同氏に深く感謝申し上げる。

参考文献

【斎藤亜矢 2014】
斎藤亜矢『ヒトはなぜ絵を描くのか——芸術認知科学への招待』（岩波科学ライブラリー）、2014年（cf. Aya Saito, Misato Hayashi, Hideko Takeshita, Tetsuro Matsuzawa, The Origin of Representational Drawing: A Comparison of Human Children and Chimpanzees: DOI: 10.1111/cdev.12319）。
【世界遺産　ラスコー展 2016】
『世界遺産　ラスコー展』カタログ、国立科学博物館・毎日新聞社・TBS、2016年。
【野村総一郎　2017】
野村総一郎『新版　うつ病をなおす』、講談社現代新書、2017年。
【ストレスと脳 | 生物学科 | (東邦大学神経科学研究室 増尾好則)】
https://www.toho-u.ac.jp/sci/bio/column/029758.html
【Zeki, S. 1999: 邦訳 2002】
Zeki, S. *Inner Vision. An Exploration of Art and the Brain*, Oxford: Oxford University Press, 1999（邦訳『脳は美をいかに感じるか：ピカソやモネが見た世界』、日本経済新聞出版社、2002年）.
【石津智大 2019】
石津智大『神経美学——美と芸術の脳科学』共立出版、2019年。
【レイモンド・クリバンスキー他 1991】
レイモンド・クリバンスキー／アーウイン・パノフスキー／フリッツ・ザクスル『土星とメランコリー——自然哲学、宗教、芸術の歴史における研究』晶文社、1991年（R. Klibansky, E. Panofsky & F. Saxl, *Saturn and Melancholy. Studies in the History of Natural Philosophy, Religion and Art*, repr. ed., Nendeln/Liechtenstein 1979）。
【Santoro, E. C. 1958】
Santoro, E. C., *I codici miniati della Biblioteca Trivulziana*, Milano 1958, ca.no.84 (pp.80-82)
【Kris, E. 1952】
Kris, E., *Psychoanalytical Explorations in Art*, New York, 1952
【Castelnuovo, E. 1985】
Castelnuovo, E. “Introduzione,” in *Simone Martini. Atti del convegno*, Siena, 27,28, 29 marzo 1985, a cura di Luciano Bellosi, Firenze 1988, p. 35.

【Salomon, R. 1953】
Salomon, R. “A newly discovered manuscript by Opicinus de Canistris,” in *Journal of the Warburg and Courtauld Institutes*, XVI, 1953, pp. 45-57.
【Marconi, P. 1977】
Marconi, P. “Opicinis de Canistris. Un contributo medievale all’arte della memoria,” in *Ricerche di Storia dell’Arte*, n. 4, 1977, pp. 3-36.
【「狂気の瀬戸際On the Verge of Insanity」展 2016】
ファン・ゴッホ美術館「狂気の瀬戸際 On the Verge of Insanity」展、2016年。https://www.vangoghmuseum.nl/.../on-the-verge-of-insanity
【ゴッホは「おそらく」そううつ病か境界性障害…2016年9月17日】
ゴッホは「おそらく」そううつ病か境界性障害、自殺には複数の要因 研究者　写真1枚　国際ニュース：AFPBB News【2016年9月17日】。https://www.afpbb.com/articles/-/3101283
【『ファン・ゴッホの手紙Ⅰ・Ⅱ』2020】
フィンセント・ファン・ゴッホ著／ファン・ゴッホ美術館編／圀府寺司訳『ファン・ゴッホの手紙Ⅰ・Ⅱ』新潮社、2020年。
【草間彌生 2002】
草間彌生『無限の網　草間彌生自伝』作品社、2002年。
【建畠晢ほか 2019】
建畠晢／ローラ・ホプトマン／ウード・クルターマン／キャサリン・タフト著『草間彌生 YOYOI KUSAMA わたしの芸術』グラフィック社、2019年。
【華園力 2018】
華園力「自閉スペクトラムの認知特性と視覚芸術」、*VISION* Vol. 30, No. 4, 2018, p.171-178.

執筆者紹介

渡邉 慶一郎（わたなべ・けいいちろう）………序・座談会

【現職】東京大学相談支援研究開発センター教授

【専門】臨床精神医学、発達障害支援、大学のメンタルヘルス

【主要業績】［著書］『ハンディシリーズ「発達障害・特別支援教育ナビ」“大人の発達障害の理解と支援”』（編著）（金子書房、2020）、『発達障害・知的障害のための合理的配慮ハンドブック』（編著）（有斐閣、2020）、『自閉スペクトラム症のある青年・成人への精神療法的アプローチ』（編著）（金子書房、2021）、『発達障害と青年期のひきこもり』（編著）（金子書房、2023）。
［論文］「高知能で発達障害がある大学生のQOL」（共著：大島亜希子、川瀬英理、柴田恵津子、綱島三恵、岩崎沙耶佳）『大学のメンタルヘルス』2号、2018年、63-68。「発達障害をもつ学生への対応——最近の動向」『大学のメンタルヘルス』3号、2019年、43-52。「発達障害と自殺予防」『精神科治療学』36号（9）、2021年、1073-1078。「ヌミノース反応を呈した大学生の一例」（共著：松島公望、浦上涼子）『精神科治療学』36号（10）、2021年、1203-1208。「大学・専門学校等の学生相談室・障害学生支援室と精神科医療の連携」（共著：若杉美樹）『精神科治療学』37号（12）、2022年、1343-1348。

大塚 尚（おおつか・ひさし）………第1章・座談会

【現職】東京大学相談支援研究開発センター助教

【専門】臨床心理学、学生相談、アート表現、青年の自殺予防

【主要業績】［著書］『学生相談・学生支援のための事例ガイドブック』（共著）（東京大学相談支援研究開発センターe-book、2023）、『心理援助アプローチのエッセンス』（共著）（樹村房、2013）。
［論文］「アート表現グループから考える青年の心的危機への関わりと『自殺予防』」（共著：大塚尚・古川真由美）、箱庭療法学研究、印刷中。Changes in suicide-related indices at a student counseling center at a Japanese University before and after COVID-19. (Authors: Hisashi Otsuka, Shoko Fujiwara, Akira Takano), *Asian Journal of Psychiatry*, 81, 2023, 103462.「主観的体験から探る現代の大学生の『生きづらさ』の実態」（共著：大塚尚・穴水幸子）、心理臨床学研究、36（2）、2018年、166-177。

鬼塚 淳子（おにづか・じゅんこ）第2章・座談会

【現職】東京大学相談支援研究開発センター特任助教

【専門】臨床心理学、教育心理学、芸術表現療法、人間性心理学

【主要業績】［著書］『学生相談・学生支援のための事例ガイドブック』（共著）（東京大学相談支援研究開発センターe-book、2023）、『じぶん＆こころまなぶＢＯＯＫ』（共編著）（培風館、2014）、『ビジネス系大学教育と初年次教育――多様な学生をいかに受け入れて定着させるか』（学文社、2012）、『こころのワークブック』（共編著）（ふくろう出版、2006）。

［論文］『基礎教育センターを軸とした全学的学生支援体制構築の試み――兼務教員職から生まれた包摂的リンケージ支援』学生相談研究、第33巻第3号、2013年。『セルフオフセンス"の治療的意義――自己表現による自己治癒力の賦活』心理臨床学研究、25(2)、2007年。

澤田 欣吾（さわだ・きんご）第3章・座談会

【現職】東京大学　相談支援研究開発センター助教

【専門】臨床精神医学

【主要業績】［著書］『精神神経疾患ビジュアルブック』「Part5. 治療法」「身体療法」「薬物療法」、落合慈之（監修）、秋山剛、音羽健司（編集）（Gakken 2015）。

［論文］"Is Utena's Brief Objective Measures (UBOM) useful in real-world behavioral assessment of functioning? Validity and utility testing in patients with schizophrenia.", *Psychiatry and Clinical Neurosciences*. 174 (1), 2020, 40-48. "Identifying neurocognitive markers for outcome prediction of global functioning in individuals with first-episode and ultra-high-risk for psychosis.", *Psychiatry and clinical neurosciences*, 2017.「特集Ⅰ 効果的な患者・家族教育の必要性と工夫 青年期の患者の治療における 患者・家族教育」精神科、36(1)、2020年、37-41。「【精神医学における主観と主体】パーソナルリカバリーの主観と主体性」精神医学(61)、2019年、525-532。

小佐野 重利（おさの・しげとし）座談会・研究余滴

東京大学名誉教授

略歴　1951年生。東京大学大学院人文社会系研究科教授、研究科長・文学部長を経て退職。2023年3月まで同大相談支援研究開発センター特任教授。イタリア連帯の星騎士・騎士勲位章（2003）、イタリア星騎士・コメンダトーレ勲位章（2009）を受章。現在、東京大学名誉教授、同大新領域創成科学研究科人間環境専攻特任研究員、アッカデミア・アンブロジアーナ（ミラノ）会員、日本学術会議連携会員（前会員）。

専門　イタリア近世美術史。

【主要業績】『《伊東マンショの肖像》の謎に迫る――1585年のヴェネツィア』（三元社、2017）、*Originali e copie. Fortuna delle repliche fra Cinque e Seicento*, a cura di S. Osano (Firenze, 2017); “The Newly Discovered Portrait of Ito Mansio by Domenico Tintoretto: Further Insight into the Mystery of its Making” (in *artibus et historiae*, 77, 2018, pp.145-160); 編著・浦一章監訳『オリジナルとコピー　16世紀および17世紀における複製画の変遷』（三元社、2019）、ルイージ・フィカッチ／小佐野重利監修（兼カタログ編集責任）『カラヴァッジョ展』（北海道新聞社、2019）、『絵画は眼でなく脳で見る――神経科学による実験美術史』（みすず書房、2022）など。

描く、観る、演じる　アートの力

芸術療法はなぜ心にとどくのか

発行日　初版第 1 刷　2023 年 9 月 30 日

編　者　東大アートと精神療法研究会
著　者　渡邉慶一郎・大塚尚・鬼塚淳子・澤田欣吾・小佐野重利

装　幀　臼井新太郎

発行所　株式会社 三元社
〒 113-0033　東京都文京区本郷 1-28-36　鳳明ビル
電話／ 03-5803-4155　FAX ／ 03-5803-4156
http//www.sangensha.co.jp

印刷　モリモト印刷株式会社
製本　株式会社鶴亀製本

コード　ISBN978-4-88303-580-9

printed in Japan